SIÉGES

SOUTENUS PAR LA VILLE

DE PARIS.

SIÉGES

SOUTENUS PAR LA VILLE

DE PARIS,

DEPUIS L'INVASION DES ROMAINS DANS LES GAULES,

JUSQU'AU 30 MARS 1814;

PAR N. L. P.

PARIS,

PIERRE BLANCHARD, LIBRAIRE,

Galerie Montesquieu, Nos. 16 et 17.

1815.

IMPRIMERIE DE J. B. IMBERT,

RUE DE LA VIEILLE-MONNAIE.

AVERTISSEMENT.

—

Dans un moment où la France fait les plus généreux efforts pour résister à l'Europe entière armée contre elle, et où Paris même voit des remparts s'élever pour sa défense, nous avons cru qu'il n'était pas inutile de rappeler les différens siéges que cette ville a soutenus. Notre but n'est pas seulement de satisfaire la curiosité, nous voulons encore exciter le courage, et montrer que nos pères nous ont donné des exemples qu'il est temps de suivre. Qui ne serait frappé d'admiration en lisant le récit de ce que les habitans de Paris ont fait contre les Normands au commencement du neuvième siècle? Paris n'était alors qu'un amas de maisons renfermées dans l'île de la Cité; sa population était peu nombreuse, et ce peu de monde avait à repousser des barbares qu'aucun revers ne semblait lasser, et que le désir du pillage ranimait sans cesse; cette ville fut cependant sauvée par son propre courage. Que ne pourrait-elle pas aujourd'hui, si des destins contraires ramenaient encore dans nos plaines ces vingt peuples différens que nous avons déjà eu le malheur de voir ? Seule, elle pourrait faire sortir une armée de ses murs, et elle possède peut-être cinquante mille hommes qui ont combattu. Que lui faudrait-il donc pour se sauver ? Le courage de nos aïeux.

Elle l'a encore, ce courage ; et mieux conduits, mieux armés, et surtout moins trompés que naguère, les Parisiens, si un sort rigoureux l'exige, montreront qu'ils n'ont point dégénéré ; ils sentent que ce qu'il y a de plus humiliant pour un peuple, c'est de recevoir l'ennemi avant que la nécessité en ait fait une loi ; et ce sentiment, commun à tous les Français, coûtera beaucoup de sang à ces peuples qui ne croient pas encore être assez nombreux pour frapper une nation qui, seule, les a fait trembler tant de fois.

SIÉGES

SOUTENUS PAR LA VILLE

DE PARIS.

LE SIÉGE DE PARIS,

PAR LES ROMAINS.

La ville de Paris a toujours passé pour l'une des plus anciennes des Gaules; et c'est principalement à sa haute antiquité qu'on doit attribuer l'obscurité de son origine. Cette ville, qui passe chez les étrangers même pour la plus vaste, la plus peuplée, la plus florissante et la plus riche de l'Europe, n'était dans son origine qu'une simple bourgade composée de quelques maisons éparses, et renfermées dans l'île de la Seine, qui a pris depuis le nom de *Cité* ou *Ile du Palais*. César le dit positivement dans ses Commentaires; il est le premier auteur connu qui ait fait mention de cette ville; il l'appelle en latin *Lutetia*. Ammien Marcellin, qui écrivait vers l'an 375 de Jésus-Christ, ne donne pas encore à Paris le nom de ville; il se contente de l'appeler le *Château* ou *Forteresse des Parisiens*, sans doute à cause de sa situation dans une île, qui rendait Paris, appelé dès le commencement *Lutèce*, la plus forte place des Gaules. Il paraît par ce que César dit des édifices publics et particuliers de Paris, qu'ils n'étaient construits que de bois et de terre, couverts de paille et de chaume. Quant aux dehors de cette ville, nous n'en savons autre chose, sinon qu'elle était environnée de marais, de collines et de bois. On entrait dans l'île par deux ponts de bois construits aux mêmes lieux où sont à présent le Petit-Pont et le Pont au Change, auparavant nommé le Grand-Pont. L'opinion commune est que César connaissant l'importance de cette place, dont il avait eu tant de peine à se rendre le maître, fit bâtir deux forts à l'extrémité des deux ponts qui y donnaient entrée; et si l'on en croit Boëce, sénateur romain, le même César, pour s'assurer de la place, la fit environner d'une forte muraille dans l'île, après l'avoir ornée et augmentée de plusieurs édifices. L'estime que César a témoigné pour la ville de Lutèce, en quoi il a été imité par les empereurs romains ses successeurs, dont quelques-uns y ont passé leurs quartiers d'hiver avec leurs troupes, a donné lieu

aux premiers accroissemens de cette ville. C'est
la remarque d'Adrien de Valois, qui dit avec
beaucoup de vraisemblance, qu'il aurait été impossible à ces princes de tenir leur cour dans
une île d'une si petite étendue, et d'ailleurs fort
peuplée, si Paris n'avait eu dès lors quelques
faubourgs hors de son île.

Paris fut assujetti aux Romains, ainsi que les
autres villes des Gaules, vers l'an 704 de la
fondation de Rome, environ cinquante ans avant
la naissance de J. C. Jules César connaissant
l'importance de ce poste, et combien il pouvait être
favorable à ses desseins, y transféra l'assemblée
générale des Gaulois, qu'il avait convoquée dans le
lieu ordinaire, aux environs de Chartres, comme
au centre des Gaules. Il tint par là en respect
pendant quelque temps ceux de Sens, dont il
était moins assuré que des autres peuples. Il fut
obligé presqu'aussitôt de repasser en Italie ; et
toutes les Gaules, profitant de son absence, pen-
sèrent à la révolte, et s'y animèrent mutuelle-
ment. Paris, comme les autres villes, cherchait à recouvrer son ancienne liberté ; tout se
prépara à la guerre contre les Romains. César,
sans s'effrayer du nombre et de la valeur de
ses ennemis, rentre aussitôt dans les Gaules, et
pendant qu'il fait le siége de Gergovie, il dé-
pêche Labiénus, le plus fameux de ses lieute-
nans, contre ceux de Paris. Sur le bruit de sa

venue, toutes les forces des états voisins se réuni-
rent pour lui fermer l'entrée des marais qui envi-
ronnaient la place. L'armée des Parisiens était
commandée par Camulogene, qui avait été choisi
pour son expérience, quoiqu'il fût dans une
vieillesse extrême.

Labiénus part de Sens avec quatre légions pour
venir attaquer Paris, qui s'efforcait de maintenir sa liberté. Paris n'occupait alors qu'une partie de ce qu'on appelle aujourd'hui la Cité ou
l'Ile du Palais ; car il y avait là trois îles ; une
grande, une moyenne et une petite : ces deux
dernières à l'occident de la première, et la petite au
nord de la moyenne, lesquelles n'ont été réunies
que longtemps après en une seule ; et la ville
proprement dite était uniquement renfermée
dans la plus grande des trois. On dit la ville
proprement dite, car il est bien à présumer,
comme nous venons de l'observer, que les bords
extérieurs de la rivière n'étaient pas dénués de
toute habitation, ou que la ville n'était pas
sans faubourgs, surtout du côté de ses ponts.

Il y avait au-dessus de Paris un grand marais
sur la rive gauche de la Seine, formé sans doute
par l'épanchement des eaux de la rivière de
Bièvre ; et c'est par là que Labiénus s'avançait.
Camulogene se posta en-deçà de la Bièvre et
du marais, pour arrêter les Romains, et y réussit.
Labiénus pour se rendre maître de la ville de

l'autre côté de la Seine , remonte jusqu'à Melun , s'empare de cinquante grands bateaux qu'il y trouve, et revient camper devant Paris, au nord, avec toute son armée. A son approche les Gaulois mettent le feu à la ville, c'est-à-dire, très-vraisemblablement aux faubourgs de la ville ; et ayant aussi rompu les ponts , qui sans doute n'étaient que de bois , ils se postent sur l'autre rive de la Seine , à l'opposite du camp des Romains , la rivière entre deux.

Labiénus, qui ne voulut point risquer un combat contre des ennemis dont les forces augmentaient de jour en jour , n'eut plus d'autre parti à prendre que de reconduire ses légions , s'il le pouvait, jusqu'à Sens. La chose n'était pas aisée ; mais il usa de stratagème. Il distribua ses bateaux aux chevaliers romains , avec ordre de descendre la rivière pendant la nuit, en silence , et d'aller l'attendre à quatre milles de là , vers le lieu où est aujourd'hui le Moulin de Javelle : c'était là qu'il projetait de passer la Seine pour regagner plus facilement la ville de Sens. En même temps il laissa à la garde du camp cinq cohortes , c'est-à-dire la moitié d'une légion. L'autre moitié, il la fit partir avec quelques nacelles pour porter le bagage ; et ces nacelles, qui avaient ordre de remonter la rivière en tirant vers Corbeil ou vers Juvisy, devaient en même temps faire grand bruit pour donner à entendre aux Gaulois que c'était le gros de l'armée romaine qui reprenait le chemin de Melun. Ensuite il se mit en marche lui-même avec les trois légions qui lui restaient, pour aller rejoindre les chevaliers du côté où il les avait envoyés. Les Gaulois, croyant que les Romains voulaient fuir par trois endroits différens, partagèrent aussi leur armée en trois corps. Ils en laissèrent un à la garde du camp; ils en détachèrent un autre à la suite des cinq cohortes et des nacelles qui remontaient la rivière; et ils s'avancèrent avec le reste de leurs troupes pour s'opposer au passage de Labiénus. Mais au point du jour Labiénus était déjà sur la rive gauche de la Seine, et les Gaulois se trouvèrent à sa rencontre. Les Parisiens, quoique surpris, se défendirent vaillamment, et tinrent quelque temps la victoire en balance. Enfin ils succombèrent sous l'effort des Romains; mais au milieu de leur disgrâce, l'aile droite de leur armée eut la gloire de s'être défendue jusqu'à la dernière extrémité. Ceux qui la composaient furent taillés en pièces avec Camulogene, leur général, sans qu'aucun soldat eût quitté son rang. Le reste de l'armée vaincue se sauva à la faveur des collines et des bois. César devint maître de Paris.

Cette ville avec le reste des Gaules passa sous la domination des Romains.

Quelques écrivains modernes ont prétendu que Jules César ayant fait rebâtir la ville à neuf, l'environna de murailles, la fit fortifier de tours, d'espace en espace, et construisit aussi deux forteresses au bout des deux ponts de la ville, à la place où était le grand Châtelet, du côté du nord, et où se voit encore le petit Châtelet, du côté du midi.

LE SIÉGE DE PARIS,

PAR LES FRANCS.

Une multitude de nations barbares soulevées, comme l'on croit, par Stilicon, général des armées romaines, perça de tous côtés, et désola les plus belles provinces de l'empire romain, tant en Orient qu'en Occident. Les Francs, invités par leur exemple, profitèrent de l'occasion pour partager avec eux un si beau pays, où ils cherchaient depuis deux siècles à s'établir. Ils passèrent le Rhin, et entrèrent dans les Gaules pour n'en plus sortir.

Pharamond, qui parut en 418 ou 420

au plus tard, est reconnu pour fondateur de la monarchie française. Les Francs s'emparèrent d'abord de Trèves, et occupèrent le pays de Tongres, et se mirent en état de joindre bientôt à leur nouvelle conquête toute la Gaule Belgique. Ils reçurent quelque échec dans l'Artois, sous Clodion, successeur de Pharamond ; mais Mérovée, qui régna après lui, répara ces pertes avec avantage. Les Romains, dont les forces diminuaient de jour en jour, au lieu de penser à le chasser de leur pays, recherchèrent son alliance, pour se mettre en état de l'opposer aux progrès d'Attila, roi des Huns, qui était entré dans les Gaules, à la tête de cinq cent mille hommes.

Il y avait pour lors à Paris une sainte vierge, nommée Geneviève. Sa sainteté avait été prédite, dès son enfance, par saint Germain, évêque d'Auxerre, lorsque allant, en 429, combattre l'hérésie pélagienne en Angleterre, il passa par Nanterre, village à deux lieues de Paris. Le genre de vie que cette sainte pratiquait depuis plusieurs années, l'avait mise en grande réputation dans le public. Voyant toute la ville en émeute sur la nouvelle des ravages d'Attila, elle essaya de calmer les esprits de ses concitoyens. Elle les exhorta à mettre leur confiance en Dieu, à fléchir sa miséricorde par la prière et par le jeûne, et à ne point quitter la ville, en les assurant qu'ils n'avaient rien à craindre, et que Paris ne recevrait aucun mal. Plusieurs déférèrent aux paroles de Sainte-Geneviève ; mais il y en eut d'autres qui prirent occasion de sa prophétie pour conspirer contre elle, et la faire passer pour une magicienne qui les amusait tandis que l'ennemi était prêt à fondre sur eux. La rage et l'animosité allèrent jusqu'à délibérer de quel genre de mort ils la feraient périr, lorsque l'archidiacre d'Auxerre arriva à Paris et dissipa ce complot. La suite justifia la prédiction de Sainte-Geneviève. Attila changea sa marche, et sans passer à Paris, il tourna vers Orléans, qu'il assiégea, et dont il fut contraint de lever le siége. Bientôt après, le patrice Aëtius, soutenu des Goths et des Francs, lui livra dans les plaines de Champagne la fameuse bataille qui acheva de le perdre, et l'obligea de sortir des Gaules. Les Français, sous la conduite de Mérovée, s'avancèrent jusque sur la Seine, et sous Childéric, son successeur, ils passèrent la Loire. On peut facilement imaginer tout ce que la ville et le territoire de Paris eurent à souffrir dans un temps où la terreur du nom romain se trouvant méprisée, n'était plus capable de garantir le pays de la cruauté des barbares.

Pendant que les Francs tenaient Paris assiégé, Sainte-Geneviève ne négligea rien pour secourir les habitans, dont la disette fut si grande, que plusieurs moururent de faim. Comme sa réputation lui donnait une grande autorité parmi le peuple et lui faisait trouver des moyens pour les entreprises le plus difficiles, elle alla elle-même jusqu'à Arcis sur Aube et jusqu'à Troyes, d'où elle ramena dans Paris onze bateaux chargés de blé, malgré la tempête qui s'éleva sur la rivière, et même malgré les efforts des ennemis. Cependant, ce secours n'empêcha pas Childéric de se rendre, vers l'an 470, maître de Paris, qu'il tenait bloqué depuis cinq ans. Ce fut le premier des rois Francs qui en chassa les Romains.

LE SIÉGE DE PARIS,

PAR LES NORMANDS.

Les faubourgs de Paris s'accrurent considérablement sous les rois de la première race, surtout depuis que Clovis, premier roi chrétien, l'eût déclarée capitale de son empire, vers l'an 508. Les deux célèbres abbayes de Saint-Vincent (aujourd'hui Saint-Germain-des-Prés) et Saint-Germain-l'Auxerrois; celle de Sainte-Geneviève et de Saint-Laurent, devinrent bientôt comme autant de bourgades formées de plusieurs maisons construites aux environs pour le logement des serfs et hommes *de corps* de chaque abbaye, ou que divers particuliers y faisaient élever pour leur commodité. Et quoique ces bourgades fussent alors séparées de Paris, comme elles l'étaient les unes des autres, on ne doit pas moins les regarder comme des accroissemens de cette ville, dont elles font aujourd'hui une bonne partie.

Mais tous ces faubourgs et bourgades bâtis hors de l'enceinte de Paris, se virent exposés aux ravages des Normands. Ces peuples, profitant de l'absence des rois de la seconde race, dont la plupart ont fait peu de séjour à Paris, tentèrent plusieurs fois de se rendre maîtres de cette ville. La crainte qu'ils avaient imprimée dans le cœur des Français, obligeait les personnes de la campagne à se réfugier dans les villes fortifiées avec ce qu'ils avaient de plus précieux, de sorte que les barbares ne trouvant pas toujours de quoi piller, mettaient le feu aux églises et aux autres édifices, surtout aux environs des villes qui refusaient de se rendre. Paris, comme beaucoup d'autres villes de France, vit ses environs saccagés, et les habitans obligés de se renfermer dans son sein. Ce fut en 800 que les Normands parurent sur les côtes de France; en 820 ils furent chassés de l'embouchure de la Seine; mais en 841 ils pénétrèrent par cette rivière dans l'intérieur du royaume, où ils firent les plus grands ravages. Revenus en 845, avec cent vingt voiles, sous la conduite de Ragenaise ou Renier, ils marquèrent de nouveau leur passage par un horrible dégât. Le 28 mars, veille de Pâques, de la même année, ils arrivent jusqu'à Paris sans trouver de résistance. Les religieux, tant de Sainte-Geneviève que de Saint-Germain-des-Prés, pour sauver du moins ce qu'ils avaient de plus précieux, avaient emporté, les uns le corps de Sainte-Geneviève, leur patrone, à Athies, et de là à Draver; les autres celui de Saint-Germain à Combe-la-Ville en Brie. Cependant le jour de Pâques même les Normands se jetèrent avec furie dans l'abbaye de Saint-Germain-des-Prés, dont ils enlevèrent tout ce qu'ils purent emporter; les habitans se réfugièrent dans la Cité, qui, très-vraisemblablement à cause de ses fortifications, ne reçut aucune atteinte de la part des barbares. Charles-le-Chauve était alors à Saint-Denis en France; et Renier, dissimulant l'extrémité où étaient les siens, lui envoya faire des propositions; on lui donna sept mille livres d'argent, et il se retira.

Le 28 décembre 857, les Normands, qui depuis le brigandage qu'ils avaient exercé en 845 jusqu'aux portes de Paris, avaient continué d'infester les bords de la Seine, dans laquelle ils étaient rentrés en 851, en 852, en 855 et enfin au mois d'août 856, se représentèrent pour la seconde fois devant cette ville. Ils mirent le feu à presque toutes les églises des faubourgs, surtout à celle de Sainte-Geneviève ; cependant ils épargnèrent la maison (*domum*) de Saint-Etienne et les églises de Saint-Germain-des-Prés et de Saint-Denis, parce que celles-ci furent rachetées moyennant une grosse somme d'argent.

En l'an 858, les Normands qui s'étaient cantonnés et fortifiés dans l'île d'Oissel, entre Rouen et le pont de l'Arche, remontaient souvent de là par bateaux jusqu'à Paris, et les monastères d'alentour n'obtenaient qu'à prix d'argent de n'être pas réduits en cendres.

Le 6 avril 861, jour de Pâques, les Normands, revenus pour la troisième fois devant Paris et chargés des dépouilles des négocians de cette ville qui avaient pris la fuite, mais qui étaient tombés entre leurs mains, entrent dans l'abbaye de Saint-Germain-des-Prés, pendant que les moines chantaient matines. Ces religieux, au nombre d'une vingtaine seulement, parce que le reste était dispersé ou à Esmant, ou à Nogent-l'Artaud, avec le corps de saint Germain, ou dans quelques autres terres de leur dépendance, se cachent où ils peuvent, et par ce moyen évitent la mort, à l'exception d'un seul qui fut tué. Les Normands égorgent plusieurs domestiques, pillent le monastère, et mettent le feu au cellier.

Le 25 novembre 885, premier siége de Paris par les Normands. Quelques savans en comptent trois avant celui-ci; le premier en 845, le second en 857, et le troisième en 861 : on vient de voir que ce ne furent que de simples irruptions. Ces peuples, au nombre de trente ou quarante mille hommes, parmi lesquels se trouvaient plusieurs de ceux qui avaient déjà un établissement sur la Loire et dans le pays Bessin, se présentent devant Paris, conduits par quatre rois de leur nation avec sept cents grandes barques, sans compter un si grand nombre de nacelles ou petits bateaux, que cet armement couvrait plus de deux lieues de la rivière au-dessous de la ville.

Le 26 novembre, Sigefroi, l'un de ces rois, qui avait le commandement général de l'armée, s'adresse à l'évêque Gozlin, à qui il demande passage pour lui et pour ses troupes, prétextant ne vouloir que remonter le fleuve au-dessus de la ville, avec promesse que ni le prélat ni le comte Eudes, n'en recevraient aucun dommage. Gozlin répond que le comte et lui tenaient la ville pour l'empereur, et qu'ils la lui conserveraient de tout leur pouvoir. Sur ce refus Sigefroi se retire avec de grandes menaces.

Le 27 novembre, PREMIER ASSAUT. Eudes commandait dans la ville en qualité de comte ou gouverneur ; il était secondé par son frère Robert. Ils avaient avec eux quantité de vaillans hommes, entre autres le comte Raguenaire et l'abbé Eble, neveu de l'évêque Gozlin, résolus de tout souffrir plutôt que de rendre la place. Paris alors ne s'étendait pas encore au-delà de l'île qu'on appelle la Cité. On ne pouvait toujours y entrer que par les deux ponts dont nous avons parlé ; mais chacun de ces ponts était défendu en dehors par une tour. On a depuis bâti les deux Châtelets à la place de ces anciennes tours, supposé même que le grand Châtelet n'en soit pas un reste, comme plusieurs l'ont cru.

Les Normands ayant débarqué une partie de leurs troupes, commencèrent dès la pointe du jour par attaquer la tour du Grand-Pont, du côté de Saint-Germain le-Rond ou l'Auxerrois. Ils l'assaillirent de pierres, et firent pleuvoir sur la tour, qui n'était pas fort haute, une effroyable quantité de traits et de flèches. Toute la ville frémit au bruit de cette première attaque, tant elle fut violente.

L'évêque Gozlin ; qui s'était renfermé dans cette tour avec le comte Eudes ; le comte Robert, frère de celui-ci ; Eble, neveu de Gozlin, et

d'autres braves combattans, font de leur côté
tous leurs efforts pour la défendre. On se bat
aussi au pied de la tour, et Gozlin y est atteint
d'un trait qui ne le blesse que légèrement; mais
un jeune homme du nombre de ses chevaliers,
nommé Frédéric, y est renversé mort d'un pareil coup. Cependant les assiégeans ne purent
s'emparer de la tour, quoique fort endommagée; ils se retirèrent avec grande perte des leurs,
et pendant la nuit les Parisiens réparèrent non
seulement tout le dommage, mais ils travaillèrent encore avec tant d'activité, qu'au lever
du soleil, comme les matériaux étaient tout prêts,
la tour se trouva élevée de plusieurs étages de
bois, pour y mettre plus de monde en état de
la défendre.

Le 28 novembre, SECOND ASSAUT. Les Normands revinrent dès le matin à la charge avec
plus de fureur que le jour précédent; et pendant que les uns faisaient voler une nuée de flèches
sur ceux qui défendaient le haut de la tour, les
autres travaillaient à percer la muraille. La poix
et l'huile bouillante qu'on jetait sur eux ne leur
firent point quitter prise. La chaleur du combat
redoublait de part et d'autre. Le comte Eudes et
l'abbé Eble y accoururent pour animer les assiégés; eux-mêmes faisaient la fonction de soldats autant que de capitaines. Eudes ne lançait
pas un coup à faux; et pour l'abbé, il fit voir

une force et une adresse surprenante à tirer de
l'arc. Leur valeur cependant ne put empêcher
que les ennemis ne fissent brèche à la tour ; mais
tous les efforts de ceux-ci pour y entrer furent
inutiles. Ils trouvèrent tant de résistance partout,
qu'après avoir donné divers assauts, et tenté de
mettre le feu à la tour, ils furent obligés de se
retirer pour la seconde fois, avec perte de trois
cents hommes.

Le 29 novembre, Sigefroid, pour reprendre
haleine et se mettre en état de ne plus manquer
son coup, se retrancha au quartier de Saint-
Germain-l'Auxerrois, où il avait fixé son camp.
En attendant l'occasion d'une nouvelle attaque,
il saccagea les environs, et n'épargna ni hommes,
ni femmes, ni vieillards, ni enfans : tout fut pillé,
tout fut passé au fil de l'épée. Bientôt on ne
vit plus sur la droite de la Seine que les maisons
fumer et le sang humain ruisseler. Au milieu de
cette horrible désolation, les Normands profa-
mèrent indignement presque tous les lieux saints
qui se trouvaient de ce côté-là ; et s'ils ne tou-
chèrent point à l'église de Saint-Germain-l'Auxerrois, c'est qu'elle était renfermée dans leur camp,
et qu'ils s'y étaient fortifiés contre la ville. Ainsi
se passa le reste de l'année 885, et le commencement de la suivante jusqu'au 28 janvier.

Le 28 janvier 886, TROISIÈME ASSAUT. Pendant que tout cédait à l'impétuosité des Normands,

la seule ville de Paris demeurait ferme contre leurs efforts réitérés. Ceux qui étaient destinés à défendre la tour, déjà battue par deux fois, s'animèrent d'un nouveau zèle pour recevoir l'ennemi tout prêt à fondre sur eux.

Les Normands avaient fait faire une machine de bois en forme de tour à trois étages, dont le dernier n'était pas encore achevé. Elle était montée sur seize roues, et portait soixante hommes avec trois beliers, un à chaque étage, pour battre la tour en ruine. Cette machine monstrueuse, qui paraissait devoir tout foudroyer, ne leur réussit pas. Les Parisiens abattirent d'un seul coup de trait les deux ingénieurs qui l'avait inventée, et qui seuls étaient en état de la conduire; en sorte que tout ce grand appareil devint inutile aux assiégeans.

Le 29 janvier, QUATRIÈME ASSAUT. Loin de se rebuter ils reviennent de grand matin à la charge, partagés en trois corps, l'un destiné à battre la tour, à couvert sous des peaux de bœufs fraîchement tués, pour se garantir des matières bouillantes que les assiégés pouvaient encore jeter sur eux, comme ils avaient fait au second assaut; les deux autres dispersés dans divers bateaux pour renverser le pont. Cette attaque, plus furieuse encore que les précédentes, commença par une grêle de pierres, de flèches, et de balles de plomb qui volèrent jusque dans la ville; ce qui

mit tous les habitans dans un extrême mouvement. Les cloches sonnèrent de tous côtés, et
chacun se mit en devoir, non seulement de se
défendre, mais encore d'attaquer. La tour était
déjà ébranlée, et le pont courait encore un plus
grand danger. Cependant, par la valeur des
comtes Eudes et Robert, de l'évêque Gozlin, de
l'abbé Eble son neveu, et de quelques autres
braves chevaliers, la tour fut si bien défendue,
qu'à la fin du jour les assiégeans n'étaient pas
plus avancés qu'au commencement, et qu'ils
avaient perdu un très-grand nombre des
leurs.

Le 30 janvier. Dès le matin ils reparurent
couverts de leurs boucliers en tortue ; mais ce ne
fut pas dans l'intention de faire une nouvelle
attaque ; ils ne voulaient que faciliter celle qu'ils
projetaient ; ils travaillèrent à combler les fossés
de la tour ; ils y jetèrent des fascines, de la terre,
des pierres, des animaux qu'ils tuèrent exprès ;
ils égorgèrent même tous les prisonniers français
qu'ils avaient entre les mains, et y précipitèrent
leurs cadavres. L'évêque Gozlin, qui voyait de la
tour une action si dénaturée, ne put se contenir :
il jette un cri vers le ciel, et lance dans le mouvement de sa colère une flèche qui tue le ministre
de cette barbarie, dont le corps est aussitôt jeté
avec ceux des personnes qu'il venait d'égorger.
Tout le jour fut employé à ce travail ; cependant

les assiégeans ne purent venir à bout de combler entièrement le fossé.

Le 31 janvier, CINQUIÈME ASSAUT. Les Normands battent la tour de trois côtés, à grands coups de beliers appelés *carcamuses*. Ceux de dedans y répondent vigoureusement par leurs *mangonneaux*; c'étaient des machines à lancer des pierres, avec lesquelles ils mettaient en pièces les boucliers, les casques, et souvent la tête de ceux qui poussaient les beliers. Les Normands voyant tous leurs efforts inutiles, eurent recours à un autre stratagème; comme les tentatives qu'ils avaient faites deux jours auparavant contre le pont n'avaient pas eu un très-heureux succès, ils y reviennent encore, et se flattent enfin de pouvoir le réduire en cendres au moyen de trois barques remplies de branchages et de menu bois tout enflammé, qu'ils dirigent avec des cordes sous les arches pour y aller mettre le feu. Heureusement pour les assiégés que le pont était soutenu par une forte maçonnerie, contre laquelle les barques s'arrêtèrent; les Parisiens y accoururent sur-le-champ, en éteignirent le feu et s'en saisirent.

1er février. Sigefroi, qui commandait toute l'armée, retira enfin ses troupes, qui rempor-tèrent dans le camp une partie de l'attirail qui avait servi à l'attaque de la tour et du pont; mais ils abandonnèrent sur la place deux be-liers dont les assiégés s'emparèrent aussitôt.

2 février. Pendant que ceux-ci commencent à respirer, une partie des barbares, qui ne voulaient pas demeurer oisifs, parcourut la France orientale, pour y exercer toutes sortes de cruautés et de brigandages.

Dans le même temps plusieurs de ceux qui étaient demeurés au camp passèrent la rivière pour aller piller l'abbaye de Saint-Germain-des-Prés ; mais ils tombèrent presque tous entre les mains de la garnison, qui veillait à la conservation de la tour méridionale.

6 février. Pendant la nuit, la moitié du pont qui tenait à la ville du côté de cette abbaye fut renversée par les eaux de la rivière, qui s'était subitement débordée jusqu'à couvrir toute la campagne voisine ; et ce triste accident, qui mettait les Parisiens hors d'état de porter du secours à la tour ou à la forteresse qui défendait l'extrémité de ce pont sur la rive gauche de la rivière, fit espérer aux Normands qu'ils pourraient facilement s'en rendre les maîtres.

7 février, SIXIÈME ASSAUT. Déjà sûrs du succès, les Normands traversent la rivière dès le matin, et investissent la tour. Il ne s'y trouvait pour la garder que douze hommes ; mais c'étaient les plus braves guerriers de la garnison de Paris ; l'évêque Gozlin les avait choisis lui-même, et la confiance qu'il avait en eux ne fut point trompée ; ils ne cédèrent que lorsqu'il n'y

eut plus de possibilité de résister. Les Normands, après avoir éprouvé leur courage, et désespérant de les réduire par la force, allumèrent un grand feu au pied de la tour. Ce nouveau danger ne put ébranler ces douze héros ; ils résistèrent toujours, et essayèrent d'éteindre le feu : malheureusement le seul vase qui leur servait à puiser de l'eau s'échappa de leurs mains ; le feu gagnait ; il fallut prendre un parti. Ils sortirent et se jetèrent sur un bout du pont qui était resté du côté de la tour ; ils s'y soutinrent encore quelque temps. Cette grandeur de courage sembla exciter l'admiration des barbares ; ils crièrent aux douze guerriers de se rendre, et leurs promirent une honorable composition. Il ne restait en effet que ce parti à prendre ou à se dévouer à la mort ; les douze Français, pleins de confiance, mirent bas des armes qui ne pouvaient plus leur servir. On leur promit la vie moyennant une forte rançon. Un d'eux, nommé Érvé, reprenait le chemin de la ville pour aller chercher la somme dont on était convenu, lorsque les perfides Normands firent trancher la tête aux autres. Érvé ne pouvant souffrir la vue de cet horrible spectacle, retourne furieux aux ennemis pour venger la mort de ses compagnons. L'un d'eux eut pourtant le bonheur de se retirer des mains des barbares, et de se sauver à la nage ; mais Érvé trouva la mort qu'il était allé chercher. La nuit étant venue, il ne fut exécuté que le lendemain; on jeta son corps à la rivière, comme ceux des dix autres. Ainsi périrent ces onze généreux défenseurs de la patrie.

La chute du pont, l'embrâsement de la tour, la perte des hommes, devaient beaucoup affaiblir les assiégés; tout cela ne fit que redoubler leur courage et leur donner de nouvelles forces. Les Normands couvraient de leurs troupes la prairie voisine de la tour qu'ils avaient rasée, et il ne se passait point de jour que les Parisiens ne leur tuassent beaucoup de monde, et qu'ils ne fissent des prisonniers. Harcelés continuellement par des gens qui ne leur donnaient ni quartier ni relâche, ils crurent devoir faire diversion, du moins pour quelque temps; et sans perdre de vue le siége de la ville, qu'ils se contentèrent de tenir bloquée, ils allèrent courir tout le pays d'entre la Seine et la Loire, auquel on donnait alors plus particulièrement le nom de *Neustrie*, et où ils firent un butin immense. Pendant que de ce côté-là ils mettaient tout à contribution, et que les Parisiens reprenaient haleine, l'abbé Eble crut pouvoir attaquer leur camp, qui était toujours à St.-Germain-l'Auxerrois : il y alla avec trop peu de monde pour pouvoir tirer un grand avantage de ce coup de main : il se vit donc obligé de retourner sur ses pas, mais ce ne fut qu'après avoir mis le feu au camp.

Les Normands, de retour de leur expédition, avaient ramené avec eux un nombre prodigieux de bestiaux; ils en remplirent l'église de l'abbaye, et toute la prairie voisine en fut couverte aussi loin que la vue pouvait porter. Il y avait là de quoi nourrir l'armée pendant plusieurs mois; elle en profita peu; la contagion se mit parmi ces animaux; il en périt une très-grande quantité, et il fallut jeter leurs cadavres à la rivière.

Mars. Cependant Henri, duc de Saxe, sollicité par l'évêque Gozlin, et parti de son pays dès le mois de février, arriva avec un convoi de vivres au secours des Parisiens; et la première chose qu'il fit, ce fut d'attaquer de nuit le camp ennemi; mais s'étant trop hâté, les Normands n'essuyèrent qu'une perte très-légère. Peu de jours après il y eut un pourparler entre le comte Eudes et leur roi Sigefroi. Le comte, presque enveloppé par un gros de Normands qui n'avaient d'autre dessein que de se saisir de sa personne, sauta le fossé qui séparait la tour du lieu de l'entrevue, et se tira ainsi habilement de leurs mains; en sorte que cette conférence n'aboutit à rien. Cependant Sigefroi, qui commençait à se lasser, traita en particulier avec l'évêque Gozlin moyennant soixante livres d'argent: il voulut même persuader à toute l'armée d'abandonner l'entreprise , mais on ne l'écouta point. A peine le duc de Saxe eut-il reprit la route de ses États, que les barbares quittèrent le quartier de Saint-Germain-l'Auxerrois, transportèrent leur camp à Saint-Germain-des-Prés, pour réunir de côté-là toutes leurs forces contre la ville, et peu s'en fallut qu'elle ne tombât enfin en leur pouvoir.

Septième assaut. Ils commencèrent par se saisir des îles qui avoisinaient Paris au levant et au couchant; de là pénétrant jusque dans celle de la Cité même, ils en firent le tour le long des murs, pour voir s'ils ne pourraient pas, ou l'escalader, ou forcer le passage à quelque porte : le danger était pressant. Les assiégés tinrent ferme partout ; ils firent même une sortie si vigoureuse sur les assiégeans, qu'ils en culbutèrent un grand nombre dans la rivière, et qu'il en coûta la vie à deux de leurs rois. Sigefroi, témoin de cette déroute, et déjà gagné par l'argent des Parisiens, crut enfin n'avoir rien de mieux à faire que de reprendre avec les siens le chemin de la mer ; mais le reste des Normands persista opiniâtrément à pousser le siége avec plus de vigueur que jamais. L'évêque Gozlin mourut aussitôt après son traité avec Sigefroi.

La ville se trouvait attaquée de tous côtés, au dehors par les barbares, et au dedans par la peste et la famine qui désolaient les habitans.

Dans cette extrémité ils eurent recours aux prières publiques. Les Parisiens avaient tant souffert
jusque là , et de la faim et de toutes les autres
misères inséparables d'un long siége ; qu'il en
mourait tous les jours un très-grand nombre , et
que , faute de cimetière au dedans de la ville ,
on était obligé de leur creuser des fosses çà et là ,
partout où l'on pouvait ; ce qui ne contribuait
pas peu à entretenir le mauvais air et la mortalité. Le comte Eudes , touché de cette désolation ,
partit donc pour aller demander un prompt secours à l'empereur Charles le Gros , et il l'obtint.
Pendant son absence , il ne se passa point de jour
qu'il n'y eût quelque combat entre les assiégeans
et les assiégés. L'abbé Eble avait le commandement de la place , et il n'y rentrait jamais sans
avoir remporté quelque nouvel avantage sur les
ennemis.

Le comte Eudes , après avoir réussi dans sa
négociation , reparut enfin sur le haut de Montmartre , escorté par trois escadrons de bonnes
troupes , qui le conduisirent jusque dans la ville ,
malgré tous les efforts que les Normands firent
pour s'opposer à son entrée ; les trois escadrons
s'en retournèrent ensuite pour aller sans doute
rejoindre le duc de Saxe , qui approchait ; les Normands se mirent à leur poursuite jusqu'à plus de
deux lieues ; mais le comte Adélelme , qui les
commandait , ne pouvant souffrir plus long-temps

cette espèce d'affront, fit enfin volte-face, et pressant vivement ces barbares, les contraignit de regagner la Seine et leur camp.

Henri, duc de Saxe, suivit de près le comte Eudes. Il avait avec lui une armée composée des troupes des deux royaumes qui obéissaient à l'empereur ; son dessein était de faire lever le siége aux Normands. Il voulut commencer par examiner quel endroit serait le plus favorable pour les attaquer ; eux, de leur côté, à l'approche de son armée, avaient creusé autour de leur camp un fossé large d'un pied, et de trois de profondeur, qu'ils avaient ensuite couvert de paille et de fumier. Lorsque le duc de Saxe parut, quelques Normands en petit nombre, qui s'étaient cachés derrière les fossés, se montrèrent ; ils lancèrent en même temps quelques traits sur lui, en le chargeant d'injures pour l'attirer dans le piége. Henri, piqué de cette insulte, s'avance rapidement sur eux, et tombe dans le fossé avec son cheval. C'était là que les ennemis l'attendaient ; ils fondirent sur lui, sans lui donner le temps de se relever ; le percèrent de coups, le tuèrent, et le dépouillèrent de ses armes, à la vue même de son armée. Le comte Ragner accourut, et retira le corps d'entre les mains des ennemis avec beaucoup de peine, et au prix de plusieurs blessures qu'il reçut dans cette occasion. Le corps du duc de Saxe fut emporté à Soissons, où on lui donna une sépulture honorable dans l'église de Saint-Médard ; les Saxons ayant perdu leur chef, reprirent la route de leur pays.

Sinric, le seul qui restait des quatre rois normands qui avaient formé le siége, et qui avait juré d'y périr plutôt que de le lever honteusement, se mit en devoir de les poursuivre : il monta dans une barque, accompagné de cinquante hommes ; la barque coula à fond, et ils furent tous noyés. C'était un événement d'assez bon augure pour les assiégés ; mais le puissant secours que l'empereur venait de leur envoyer, les abandonnait, et jamais ils ne se virent dans un plus grand danger : ils touchaient au moment où, sans une protection visible du ciel, la ville allait devenir la proie de l'ennemi.

Juillet ou août, HUITIÈME ASSAUT. Les Normands, plus déterminés que jamais à emporter la place de vive force, l'environnent de toutes parts, et l'attaquent avec tant de furie, battant en même temps les murs, les tours et les portes, qu'humainement parlant, il n'était plus possible aux assiégés de ne pas succomber. Ils semblaient n'avoir plus de secours à espérer que du ciel, et ce ne fut qu'après des prières publiques qu'ils se présentèrent devant l'ennemi. Ils joignaient alors à leur bravoure ordinaire, une résignation entière en la Providence ; ils ne craignaient plus la mort.

Opposant la force à la force, ils firent pleuvoir sur l'ennemi une quantité de pierres et de flèches ; mais il ne purent d'abord arrêter sa fureur : déjà le péril devenait extrême à la pointe orientale de l'île, les barbares allaient pénétrer. On ne connaissait alors rien de plus sacré que les restes de sainte Geneviève, c'était le palladium de la ville ; on s'empressa de porter sa châsse au lieu menacé. A cette vue, les courages s'exaltent, un chevalier nommé Gerbola, petit mais plein de force, s'élance suivi de cinq hommes seulement, et porte une telle épouvante parmi les premiers rangs de l'ennemi, qu'il le force à reculer. Le danger recommença en d'autres endroits ; les Normands étaient si nombreux et attaquaient avec tant d'opiniâtreté, qu'il n'était presque plus possible de leur résister ; ils étaient prêts à entrer par le Grand-Pont. La terreur se répandait déjà dans la ville ; les cris des femmes, des vieillards et des enfans se mêlaient partout au tumulte des armes, et n'étaient propres qu'à effrayer les combattans. Il fallait ranimer les esprits abattus, et rendre à la nature un courage qui l'abandonnait ; la religion seule pouvait opérer ce prodige : les châsses de la patrone de Paris et de Saint-Germain, promenées au milieu de la mêlée, inspirent une confiance sans bornes ; les Parisiens retrouvent de nouvelles forces, et ne doutent plus du succès ;

Ils tombent de nouveau sur les barbares étonnés, les repoussent, les culbutent, les massacrent et les contraignent à s'éloigner de leurs remparts; la ville est délivrée, et des actions de grâces témoignent publiquement que c'est au ciel que l'on rapporte l'honneur de cette victoire.

Septembre ou octobre. L'empereur Charles-le-Gros, à la tête d'un puissant corps d'armée, arrive enfin lui-même au secours de la ville. Il envoie devant lui six cents Français, commandés par deux frères, Thierry et Alédramne, pour reconnaître les lieux et choisir le terrain où il pouvait camper. Ceux-ci ayant marqué l'espace qui s'étend depuis la ville même jusqu'à Montmartre, vont rejoindre l'empereur. Les Normands les chargent en queue; les Français chargent à leur tour les Normands, et en tuent jusqu'à trois mille, dont la terre fut couverte depuis Montmartre jusqu'à la Seine; plusieurs de ces barbares s'étaient réfugiés dans une église qui était encore sur pied de ce côté-là, on ne leur fit aucun quartier; ils furent tous passés au fil de l'épée.

Novembre. Le temps était venu où on pouvait enfin exterminer les Normands, malgré un renfort considérable de troupes qui leur arrivait, conduit par Sigefroi, le même apparemment qui commandait au commencement du siége. Mais pour les engager à se retirer, on promit honteusement de leur

livrer sept cents livres d'argent au mois de mars
suivant; et en attendant le paiement on leur
laissa la liberté de se retirer en Bourgogne; ce
qu'ils firent en effet, étant arrivés à Sens le 30
de ce mois. Cependant comme on ne voulut pas
leur permettre de passer avec leurs bateaux sous
les ponts de la ville, quelque besoin qu'ils en
eussent, ils entreprirent, avec un travail sur-
prenant, de les tirer hors de l'eau, et de les
transporter par terre, pendant l'espace de deux
milles, jusqu'au dessus de la ville.

L'empereur Charles-le-Gros était tombé dans
un tel mépris depuis son dernier voyage de Paris, qu'il se vit en moins de trois jours aban-
donné de ses sujets; c'était vers la Saint-Martin de la même année, aussitôt après l'assemblée
qu'il avait tenue à Tribur ou Teuver, près de
Mayence; et l'on regarda comme un bonheur
pour lui de n'avoir survécu qu'environ deux
mois à son infortune. La France, dans l'assemblée de la nation, se donna pour roi Eudes,
comte de Paris, fils de Robert-le-Fort, prince
sage, vaillant, expérimenté, et reconnu pour
le seul capable de faire tête aux Normands.

Mars 887. Les Normands reviennent à Paris,
conformément au traité du mois de novembre
précédent, et y occupent leur ancien camp de
Saint-Germain-des-Prés; mais il faut croire que
leurs bateaux s'étaient arrêtés au-dessus de la

ville. La somme d'argent qui leur avait été pro-
mise par ce traité leur ayant été comptée, ils
s'en retournèrent ; mais par une trahison dont
ils n'avaient déjà que trop donné d'exemples, au
lieu de reprendre le chemin de la mer, ils re-
montent la Seine pour faire de nouvelles courses
dans l'intérieur du pays.

Ces barbares, tout fiers du succès de leurs
armes, revinrent bientôt devant Paris, qu'ils
avaient honte de n'avoir pu prendre, après un
siége de deux ans. Le roi Eudes, que sa dignité
animait de plus en plus à la défense de l'état,
appela à son secours les Français de toutes les
provinces, les Aquitains et les Bourguignons.
Anschrie, évêque de Paris, marchant sur les
traces de Gozlin, son prédécesseur, faisait comme
lui la fonction de capitaine. Comme il était un
jour à table avec l'abbé Eble, on leur vint dire
que les Normands étaient entrés dans la ville. Ils
prennent aussitôt les armes, vont chercher les
barbares, en tuent plusieurs, font les autres
prisonniers, et mettent le reste en fuite ; mais
le bon évêque rendit la liberté aux prisonniers,
quoiqu'ils eussent plutôt mérité d'être passés au
fil de l'épée, en punition de leur perfidie. Une
autre fois, dans une sortie, Anschrie défit six
cents Normands et rentra triomphant dans la
ville, chargé des dépouilles des vaincus. Cet
avantage fut comme le prélude de la victoire

signalée que le roi Eudes remporta un jour de Saint-Jean, près de Montmartre, petite butte à une demi-lieue de Paris. Un veneur vint lui donner avis qu'il y avait découvert un gros de Normands, qui venaient à lui. Eudes n'était accompagné pour lors que de mille hommes. Il prit son bouclier, fit sa prière à Dieu, et commanda à ses gens de le suivre dans le moment qu'il leur en donnerait le signal par un coup de cor. Il monta dans l'instant sur la montagne pour découvrir ce qui s'y passait, et s'étant aperçu que les Normands s'avançaient à petits pas comme des gens qui ne se doutaient de rien, il sonne du cor. Ses troupes accourent et fondent avec lui sur les bataillons ennemis. Dans le fort du combat un Normand déchargea sa hache sur la tête du roi; mais son casque fit glisser le coup sur les épaules, et il ne fut point blessé. Il tua le Normand de sa propre main, et poussa si vigoureusement les barbares, à travers les bois qui couvraient la montagne, qu'on en compta jusqu'à dix-neuf mille tués, blessés ou mis en fuite. Cette journée, aussi glorieuse au roi Eudes que fatale aux Normands, mit fin à la guerre de Paris.

Vers l'automne de l'an 889, second siége de Paris par les Normands. Ils ne voulaient, disaient-ils, que traverser la ville par eau, comme pour reprendre le chemin de la mer;

car ils venaient encore de Sens. On leur re-
fusa le passage. Ils attaquèrent la ville de toutes
leurs forces; mais Eudes leur fit quelques pré-
sens, et ils s'en retournèrent. C'est tout ce qu'on
sait de ce siége.

Vers l'automne de l'an 890, troisième siége
de Paris par les Normands. Ces barbares sor-
tent de la Marne, descendent jusqu'à Paris,
qu'ils assiégent encore sans succès. Cependant
ils voulaient se retirer vers la Bretagne, comme
ils firent en effet; mais la permission de traverser la ville avec leurs bateaux, qu'ils n'a-
vaient pu obtenir en 886 et en 889, leur ayant
été encore refusée cette fois-ci, ils firent ce qu'ils
avaient déjà fait en 886; ils les transportèrent
par terre jusqu'au dessous de la ville, où on
les laissa se rembarquer. Alors les Parisiens,
délivrés pour toujours de la crainte, ou du
moins des insultes de ces brigands trop formi-
dables, commencèrent enfin à jouir des dou-
ceurs de la paix.

SIÉGE DE PARIS,

PAR OTHON II.

HUGUES **C**APET, successeur de son oncle dans la dignité de comte de Paris, eut occasion de marcher sur ses traces en défendant cette ville, attaquée par de nouveaux ennemis. Le roi Lothaire ravagea la Lorraine et l'Allemagne, et livra Aix-la-Chapelle au pillage de ses troupes. L'empereur Othon II, par représailles, passa en France à la tête de plus de soixante mille hommes, désola en passant le pays de Reims, de Laon et de Soissons, et vint assiéger Paris. Hugues Capet soutint vigoureusement les rudes attaques données à la place pendant trois jours. Il ne put toutefois empêcher qu'un faubourg ne fût brûlé. L'empereur, par une bravade assez peu usitée parmi les Occidentaux, fit crier par ses soldats un *alleluia* sur la montagne de Montmartre, qui ne fit que frapper les oreilles des assiégés, sans les intimider. Un neveu de l'empereur, pour marquer le mépris qu'il faisait des Français, s'était vanté qu'il irait donner de sa lance dans la porte de la ville. Il y vint en effet; mais les assiégés ayant fait pour lors une sortie, le tuèrent, et plusieurs autres seigneurs furent tués avec lui. Comme la saison était déjà fort avancée (c'était à la fin de novembre), l'empereur prit le parti de lever le siége. Il fut poursuivi dans sa retraite par l'armée de Lothaire, qui donna sur son arrière garde et le mena battant jusqu'au-delà de l'Aisne, où il périt un grand nombre d'Impériaux.

SIÉGE DE PARIS,

PAR CHARLES VII.

AVANT de rendre compte de l'attaque de cette ville par l'armée de Charles VII, nous croyons important de dire comment cette capitale était passée sous la domination des Anglais; cet exposé nous paraît d'autant plus nécessaire, qu'il explique le motif qui a donné lieu au siége dont nous allons parler.

En 1420, le duc de Bourgogne, résolu de venger la mort de son père, à quelque prix

que ce fût, s'allia avec les Anglais, et fit entrer dans cette alliance injuste Charles VI et
la reine, par le mariage de Catherine de France,
leur fille, avec Henri V, roi d'Angleterre. Par
le traité qui fut depuis ratifié à Troyes le 20 de
mai, le roi d'Angleterre fut déclaré régent et
héritier de la couronne de France, à l'exclusion
du dauphin, contre les lois fondamentales de
l'Etat. Ce traité, apporté à Paris par le premier président et par les sires de Boubereh et
de Miraumont, ambassadeurs du roi et du
duc de Bourgogne, et par les ambassadeurs
du roi d'Angleterre, fut lu publiquement dans
une assemblée générale tenue au parlement le
30 mai, enregistré, et juré par tous les assis-
tans.

Depuis le traité de Troyes, toute la France
fut divisée en deux partis, dont l'un était composé de Bourguignons et d'Anglais, et l'autre
de Français qui suivaient la fortune du dauphin.
Dans cette division funeste à la France, la ville
capitale resta sous la domination des Anglais
pendant seize ans entiers. Après la prise de
Melun sur le dauphin, les deux rois vinrent
à Paris le premier dimanche de l'avent. Les
bourgeois sortirent en grand nombre au devant
d'eux et leur firent une entrée magnifique.

Le roi d'Angleterre partit de Paris après les
fêtes de Noël, avec la reine son épouse, pour aller

à Rouen et de là en Angleterre. Il laissa à Paris le duc d'Excester, son oncle, auprès du roi de France, avec ordre de le bien garder, de crainte qu'il ne lui échappât.

Le 4 juillet 1421, le roi d'Angleterre revint à Paris; il en partit pour aller combattre le dauphin, qui faisait beaucoup de conquêtes au-delà de la Loire; mais la maladie l'obligea de revenir à Vincennes, où il mourut le dernier jour d'août 1422.

Le roi de France ne survécut pas deux mois entiers au roi d'Angleterre, son gendre; il mourut le 21 octobre.

Le dauphin Charles, retiré pour lors au-delà de la Loire avec les seigneurs de son parti, prit aussitôt le titre de roi de France.

1429. Il y avait déjà plus de six mois que les Anglais tenaient le siége devant Orléans, qui se défendait depuis ce temps-là avec la dernière vigueur; mais la ville eût bientôt succombé, sans une protection particulière du ciel. On peut bien appeler ainsi l'action extraordinaire de la célèbre Jeanne d'Arc, si fameuse dans l'histoire sous le nom de la *Pucelle d'Orléans*, qui, contre toute espérance, entra dans cette ville, la ravitailla, et obligea les Anglais d'en lever honteusement le siége. Ce qui augmenta beaucoup la merveille, ce fut de voir cette fille conduire elle-même le roi Charles VII, pour le faire sacrer à Reims, après lui avoir fait passer plus de cinquante lieues de pays ennemi, sans qu'il trouvât aucune résistance. Il fut sacré le dimanche 17 juillet, et les nouvelles en furent publiques à Paris le 19.

Le roi, à son retour de Reims, reçut à son obéissance les villes de Laon, de Soissons, de Compiègne, et les autres places, jusqu'à Saint-Denis, qui lui ouvrit les portes. On persuada au roi d'aller de là droit à Paris, d'où le régent était sorti pour se rendre en Normandie. La ville était défendue par deux mille Anglais, sous la conduite d'un chevalier de la même nation, appelé Jean Rathelet, et de Simon Morhier, chevalier français, prévôt de Paris. Il y eut d'abord diverses escarmouches entre les Français et les Anglais. Les Français s'étant ensuite avancés vers le village de la Chapelle, s'y logèrent. Les petits combats redoublèrent alors, jusqu'à ce qu'enfin les ducs d'Alençon et de Bourbon, qui commandaient l'armée royale, ordonnèrent un assaut général entre les portes de Saint-Honoré et de Saint-Denis, dans un lieu appelé *le Marché aux pourceaux*. Pour faciliter l'entreprise, ils dressèrent une batterie qui fut si bien servie, que le seigneur de Saint-Vallier, chargé de donner l'assaut, força les premiers retranchemens, mit le feu aux barrières, et obligea les assiégés de s'enfuir dans la ville par la porte Saint-Honoré. L'action fut très-vive, et dura depuis les onze heu-

rés du matin jusque vers les quatre heures du soir,
le 8 septembre. Ces premiers succès haussèrent
le cœur de plusieurs, et surtout de la *Pucelle
d'Orléans*, qui dit qu'*elle voulait assaillir la ville*.
Les ducs d'Alençon et de Bourbon ne furent pas
d'avis de seconder son dessein, dans la crainte de
se voir coupés par quelque sortie des assiégés du
côté de la porte Saint-Denis. Elle persista toutefois, persuadée que le fossé n'était pas si rempli
d'eau qu'on le disait. Elle sonda elle-même la
hauteur de l'eau avec sa lance ; mais tandis qu'elle
en faisait l'épreuve, elle fut blessée d'un trait
d'arbalètre à la cuisse, ce qui ne l'empêcha pas
de donner ses ordres pour combler le fossé. Elle
tint ferme jusqu'au soir, que le duc d'Alençon
alla la chercher pour la faire porter à la Chapelle, et le lendemain à Saint-Denis. L'armée
du roi retournant à Saint-Denis, mit le feu à la
grange des Mathurins, vers les Porcherons. A
cette attaque de la ville de Paris, il y eut beaucoup de blessés et peu de tués de part et d'autre.
Le roi avait espéré que les lettres adressées par
son ordre aux principaux magistrats de la ville,
feraient déclarer les bourgeois en sa faveur ; mais
l'événement contraire lui fit connaître qu'il n'é-
tait pas encore temps de rentrer dans sa capitale.
Ainsi il résolut de retourner en Berri, après
avoir laissé une partie de ses troupes aux environs de Paris, sous le commandement du duc

de Bourbon, du comte de Vendôme et de l'amiral de Culent.

Il n'y avait pas plus de quatre jours que s'était faite la tentative sur Paris, lorsque le duc régent y revint. Il envoya aussitôt reprendre la ville de Saint-Denis, que les troupes du roi avaient abandonnée. Les Parisiens partisans des Anglais, pour se venger de ceux de Saint-Denis, qui avaient rendu leur place sans se défendre, les condamnèrent à de grosses amendes. Ces derniers mouvemens partagèrent fort les esprits dans Paris.

Comme le nombre des mécontens croissait de plus en plus dans la ville, plusieurs chevaliers, quelques conseillers du parlement et du châtelet, et les plus notables bourgeois conspirèrent ensemble de secouer le joug de la domination anglaise, pour se mettre sous l'obéissance de leur légitime souverain; mais la complot fut découvert, et les principaux chefs justiciés.

Quoique la punition de ces conjurés eût rendu les Parisiens plus timides, les Anglais n'en furent pas moins sur la défiance. Pour rassurer ceux de leur parti, ils persuadèrent à Henri VI, roi d'Angleterre, de passer en France, et affectèrent de publier sa venue long-temps avant qu'il eût passé la mer, afin de contenir les esprits.

Henri, prétendu roi de France, ayant quitté Rouen sur la fin de novembre, vint à Paris, où il fit son entrée solennelle le 2 décembre de

l'an 1431, par la porte Saint-Denis, et le 17 il
fut sacré et couronné roi de France dans l'église
de Notre-Dame.

En 1435, Charles VII accorda au duc de Bourgogne tout ce qu'il voulut, pour le détacher du
parti anglais : par ce trait de politique il se mit
en état de rentrer bientôt dans la capitale de
son royaume.

Les habitans de Paris, lassés d'une domination étrangère, ne cherchaient que l'occasion
de secouer le joug. Le temps de leur délivrance
semblait être venu. Depuis la réconciliation du
duc de Bourgogne avec le roi de France, le parti
anglais dépérissait de jour en jour. Corbeil,
Lagny, Pontoise, Meulan, Poissy, et Saint-
Denis même, étaient rentrés sous l'obéissance
du roi Charles, et coupaient les vivres à Paris ;
ce qui engageait puissamment tous ceux de cette
ville à suivre leur exemple. Mais l'entreprise
n'était pas aisée. Willebi, capitaine anglais,
qui commandait à Paris en qualité de gouverneur, avait avec lui quinze cents hommes de
troupes anglaises, sans compter un plus grand
nombre de soldats français dévoués à sa nation,
par les soins de l'évêque de Beauvais, de celui
de Thérouenne et du prévôt de Paris. Il donna
de plus de si bons ordres pour la conservation
de la ville, que nul des habitans ne pouvait sortir
sans passeport, ni se montrer sur les murailles

sans courir risque de la corde. Depuis le 7 janvier 1436, il se tint plusieurs assemblées au palais, au sujet des divers mouvemens qu'on y découvrait de jour à autre.

L'alarme des partisans des Anglais fut grande le 11 janvier, quand on apprit que les gens de Ferrières, capitaine de Corbeil, avec le fils de Jean de Blaisy, avaient surpris le pont de Charenton, et chassé la garnison qu'y tenait le roi d'Angleterre. En présence du capitaine Willebi, de l'évêque de Paris, du prévôt de Paris, et de Hugues le Cocq, prévôt des marchands, on délibéra au parlement sur le remède qu'il fallait apporter à la révolution dont on était menacé. Le lendemain il y eut grande assemblée au palais, où présida Robert Piédefer, et s'y trouvèrent l'évêque de Paris, l'abbé de Saint-Germain-des-Prés, et celui de Saint-Maur, le capitaine Willebi, les prévôts de Paris et des marchands, les maîtres des requêtes Fraillon, de Ruilly, Hugues Rapiout, et Jean de Sainctyon ; les conseillers du parlement, les officiers de la chambre des comptes et plusieurs bourgeois. Il fut résolu qu'on écrirait en diligence au roi d'Angleterre et au chancelier pour les prier de mettre ordre incessamment aux affaires présentes, et au duc de Bourgogne pour lui recommander le salut et la tranquillité de la ville : et afin que les lettres qu'on écrirait au duc de Bourgogne ne donnassent point de jalousie, le porteur qui en était chargé eut ordre de les faire voir au chancelier, et de le prier d'y en joindre d'autres de sa part, et même d'écrire pareillement à l'évêque de Noyon, à Jean de Luxembourg et Jean de Pressy, chevaliers, et à Guillaume Sanguin, qui aimait le bien de la ville et des habitans. Enfin il fut réglé que tous les jours il s'assemblerait à l'Hôtel-de-Ville, avec le prévôt des marchands et les échevins, deux personnes du grand conseil du roi, deux conseillers du parlement, deux officiers de la chambre des comptes, deux du Châtelet, ou plus s'il en était besoin, qui communiqueraient à leurs corps tout ce qu'ils apprendraient, et aviseraient à tout ce qui serait nécessaire pour la sûreté de la ville.

Le 18 de février, Robillart, chevaucheur du roi d'Angleterre, apporta à Paris les réponses du duc de Bourgogne, de l'évêque de Noyon, de Jean de Pressy et de Guillaume Sanguin, et l'on en fit distribuer des copies à tous les corps de la ville, afin que l'on délibérât à ce sujet, en attendant la venue du chancelier, qui devait arriver sous peu de jours.

Le parti que prit le chancelier, lorsqu'il fut à Paris, fut d'ordonner que le traité de Troyes serait de nouveau juré par tous les habitans, ce qui fut exécuté le 15 de mars, avec permission à ceux qui ne voudraient pas prêter le serment,

de se retirer de Paris avec leurs femmes et enfans. Les évêques de Lisieux, de Paris et de
Meaux firent le serment, de même que les abbés
de Saint-Denis, de Saint Germain-des-Prés, de
Saint-Victor, de Saint-Maur et de Sainte Geneviève, et le prieur de Saint-Martin-des Champs;
aussi bien que les maîtres des requêtes, les officiers du parlement, les notaires de la chancel-
lerie, les prévôts des marchands et échevins,
et plusieurs autres. Le chancelier exigea le serment des prêtres même et des religieux, et
obligea tout le monde, sans distinction, à prendre
la croix rouge, et personne n'osait paraître en
public sans cette marque. Mais il s'en fallait
beaucoup que le parti des Anglais fût supérieur
à celui de Charles VII dans la ville. On avait
déjà traité secrètement avec lui, et l'on s'était
assuré d'une amnistie générale de tout le passé,
dont les lettres avait été expédiées à Poitiers dès
le 27 février.

Les noms des bons bourgeois qui entreprirent,
au péril de leur vie, de remettre la ville sous
l'obéissance de son légitime souverain, ont mérité de passer à la postérité. Ce furent Michel
de Lailhier, Jean de la Fontaine, Pierre de Lau-
cras, Thomas Bicache, Nicolas de Louviers et
Jacques de Bergières; quoique les deux premiers, pour se mieux cacher, eussent fait le ser-

ment du traité de Troyes les 15 de mars. Ils con-
vinrent secrètement avec Artur de Bretagne,
comte de Richemont, connétable de France, des
moyens de l'introduire dans Paris, pourvu qu'il
leur promît de nouveau, de la part du roi, une
amnistie générale et la conservation de leurs priviléges ; à quoi il s'engagea.

Au jour marqué, qui fut un vendredi après
Pâques, 13 avril 1436, le connétable et le comte
de Dunois s'étant avancés toute la nuit, vinrent
de grand matin avec une partie de leur armée,
tant de pied que de cheval, derrière les Char-
treux. Le connétable dépêcha vers la porte Saint-
Michel quelques-uns des siens, auquel il fut ré-
pondu, par un homme qui était dessus, d'aller
à la porte Saint-Jacques. Henri de Ville-Blanche,
gentilhomme breton, qui portait la bannière du
roi, y courut aussitôt ; et lorsque le connétable
se fut présenté lui-même pour assurer de nouveau les habitans d'une abolition générale, on
lui livra l'entrée de la poterne, par où il fit filer
quelques soldats. En même temps des serrures
du pont-levis furent brisées, et l'on abattit le
pont ; de sorte que le connétable, accompagné
du comte de Dunois, de Philippe, seigneur de
Ternaut, de Simon de Lallain, chevalier, et d'environ deux mille tant chevaliers qu'écuyers,
entra dans la ville avec toute sa cavalerie, sans

trouver de résistance. Alors le maréchal de l'Ile-Adam, monté sur la muraille, arbora la bannière de France, en criant : *Ville gagnée !*

Le connétable avec toute sa suite passa la rue Saint-Jacques, marcha droit au pont Notre-Dame, puis à la Grève, ensuite aux halles ; et enfin, revenant sur ses pas, il alla à l'église cathédrale, où il entendit la messe tout armé.

L'alarme répandue par toute la ville, fit courir les Anglais aux armes. Willebi marcha du côté de la rue Saint-Antoine, l'évêque de Therouënne vers celle Saint-Denis, le prévôt Morhier courut aux halles, et Larcher, son lieutenant, dans la rue Saint-Martin. Jean de Sainctyon, maître des bouchers de la grande boucherie, et grenétier de Paris, et Jacques de Raye, épicier de la porte Baudez, animaient ceux de leur parti à la défense ; et chacun de ces chefs criait : *Saint-Georges ! Saint-Georges ! Traîtres Français, vous êtes tous morts !*

Le peuple, excité par les capitaines des quartiers qui avaient eu avis de l'intelligence, s'attroupa de tous côtés en armes, avec la croix blanche, qui était le symbole des royalistes Français ; et comme leur nombre grossissait de moment en moment, ils devinrent bientôt les plus forts. Ils se saisirent de quatre à cinq pièces de canon du rempart de la porte Saint-Denis, et en lâchèrent quelques volées, qui obligèrent

les Anglais à se retirer du côté de la rue Saint-
Antoine : les autres, qui furent repoussés de
même, s'y réfugièrent. On tendit les chaînes des
rues, et la populace en émeute employait contre
les Anglais qu'elle rencontrait, pierres, bûches,
tables, et tout ce qui lui venait en main pour
les assommer. Willebi, attiré vers la porte Baudez
avec tout ce qu'il avait pu ramasser des siens,
vit bien qu'il ne pouvait tenir contre tant de
monde ; c'est ce qui lui fit prendre le parti de
se jeter dans la Bastille avec Morhier, Larcher, Sainctyon et de Raye, le chancelier, et
environ mille ou douze cents hommes qu'il avait
de reste. Le connétable, de son côté, après s'être
assuré de tous les quartiers et y avoir mis des
corps-de-garde, fit faire défense à son de trompe
aux soldats, sous peine de la vie, d'entrer dans
la maison d'aucun bourgeois, de leur faire insulte ni la moindre violence. Par ce moyen, la
tranquillité et la sûreté publique furent si parfai-
tement rétablies dans la ville, que dès le lendemain on ouvrit le vieux marché devant la Ma-
délaine, qui avait été fermé depuis plus de vingt
ans, et l'abondance y fut telle, que le blé, qui le
mercredi précédent s'était vendu cinquante sous,
s'y donna pour vingt. Le même jour, furent pu-
bliés dans Notre-Dame, en présence du connétable, du bâtard d'Orléans, du seigneur de l'Ile-
Adain, et de quantité d'autres, les lettres d'abo-

lition du roi Charles VII, par lesquelles il par-
donnait aux habitans de Paris, tout ce qui s'était
passé, et les maintenait dans leurs priviléges; les
mêmes lettres furent publiées par les carrefours
et à l'Hôtel-de-Ville. Le seigneur de Ternaut
fut établi prévôt de Paris, et Michel de Laillier
fut fait prévôt des marchands à la place de Hugues
le Cocq; et au lieu de Louis Galet, Luguin du
Plez, Jean de Dampierre, et Thomas le Blanc,
échevins, on mit Jean du Belloy, Pierre des
Landes, Jean de Grandme, et Nicolas de Neuf-
ville. Il ne restait après cela qu'à chasser les Anglais de leur retranchement. Le connétable ayant
mandé une partie des troupes qui gardaient les
places aux environs de Paris, se mit en devoir
d'assiéger la Bastille. Déjà l'on avait commencé
les approches, lorsqu'on vint lui dire de dimanche, que les Anglais demandaient à capituler.
Il assembla un grand conseil, et il y fut conclu
qu'on leur permettrait de se retirer à Rouen
avec leur bagage. Ils acceptèrent la condition, et
livrèrent le château de la Bastille au seigneur
de Ternaut. On les conduisit par-dehors la ville
jusqu'à la rivière derrière le Louvre. Comme
ils passaient devant la porte de Saint-Denis, la
populace les chargea d'injures, surtout l'évêque
de Therouenne, chancelier de France pour les
Anglais, après lequel elle criait : *Au renard!*
au renard !

Pour achever de délivrer les environs de Paris de la domination anglaise, on assiégea Creil-sur-Oise; l'on chassa de l'abbaye de Saint-Denis et de Charenton les partisans des Anglais, et l'on gagna par argent le capitaine de leur nation, qui gardait Saint-Germain-en-Laye.

Le 12 novembre 1437, le roi fit son entrée dans Paris; on ne l'y avait point vu depuis l'an 1418, qu'il en était sorti.

Les Anglais, encore maîtres de Mantes, firent au mois de février 1441 une tentative sur Paris. Ils s'approchèrent du côté de la porte Saint-Jacques, au nombre de sept à huit cents hommes, tant de pied que de cheval. Le connétable était pour lors dans la ville; il détacha aussitôt Gilles de Saint-Simon, Jean de Malestroit, et Geoffroi de Couvran, avec quatre à cinq cents chevaux. Ceux-ci, pour mieux prendre les ennemis, allèrent passer la Seine au pont de Saint-Cloud, vinrent tomber sur les Anglais, et les défirent entièrement. Ils taillèrent les uns en pièces, et firent les autres prisonniers; après quoi ils rentrèrent dans Paris, en conduisant avec eux une grande partie du bétail qu'ils avaient pris sur les ennemis.

SIÉGE DE PARIS,

PAR HENRI III.

LA ligue formée contre Henri III est un point trop essentiel pour ne pas entrer à ce sujet dans quelques détails, qui paraissent d'autant plus nécessaires qu'ils conduisent naturellement au motif qui détermina le roi à faire le siége de Paris.

Le vendredi 13 de mai 1588, qui était le lendemain de la journée des barricades, Henri III tint son conseil au Louvre. La plupart des conseillers d'état furent d'avis qu'il devait se retirer, pour ne pas s'exposer à la fureur d'une populace secondée par trois ou quatre cents moines et sept à huit cents écoliers tous armés ; qu'on savait de plusieurs endroits qu'ils en voulaient à sa personne, et qu'il n'y avait point de temps à perdre.

La reine-mère, qui ne pouvait croire un tel dessein, résista presque seule à cet avis. Pour s'éclaircir plus amplement, elle alla chez le duc de Guise, où elle fut enfin convaincue, par les discours qu'elle entendit, que le projet d'enlever le roi n'était que trop vrai. Elle dépêcha sur-le-champ pour l'en avertir. Alors, sans plus délibérer, il sortit du Louvre, à pied, faisant mine d'aller se promener au jardin des Tuileries, une baguette à la main, selon sa coutume. Il n'était pas encore à la porte, qu'un bourgeois l'avertit que le duc de Guise se disposait à le venir prendre, à la tête de douze cents hommes, conduits par un capitaine du quartier de la rue Saint-Denis, nommé Boursier. Le roi aussitôt, sans entrer au jardin, tourna du côté de ses écuries, et monta à cheval en diligence avec sa suite, qui était en petit nombre et en fort mauvais équipage, la plupart sans bottes ni éperons : c'était sur les six heures du soir. Étant sorti de la ville par la porte Neuve (celle qu'on a depuis appelée de la Conférence), il se tourna vers la ville avec indignation, et jura de n'y rentrer que par la brèche. Il courut à toutes jambes coucher à Rambouillet, d'où partant sans être débotté, il se rendit à Chartres le lendemain matin, et y séjourna jusqu'au dernier jour de mai.

Quand le duc de Guise vit le roi échappé il ne songea plus qu'à se rendre maître de Paris, et protesta qu'il n'avait d'autre vue que le bien public et le service du roi, quoique ses propres lettres le démentissent assez. Il courut aussitôt de rue en rue pour faire ôter les barricades, et envoya le chevalier d'Aumale, qui donna le même ordre sur les ponts. Il alla voir le premier président et les autres présidens du parlement, pour

les engager à tenir leur séance au palais le lendemain, et y rendre la justice à l'ordinaire, ce
qu'ils firent en toute liberté, comme s'il n'y avait
eu aucun émotion. Tout le peuple manqua d'o-
béissance aux ordres du duc de Guise ; mais ce
duc n'en demeura pas là, il s'empara des lieux
les plus forts de Paris, c'est-à-dire des deux Châtelets, du Temple, de l'Arsenal, de la Bastille
et de Vincennes.

Le parlement et les autres cours souveraines
députèrent vers le roi à Chartres, pour lui témoigner leur sensible douleur de ce qui s'était
passé à Paris à la journée des barricades, à quoi
ils n'avaient pu apporter aucun remède.

Les députés du parlement étant retournés à
Paris, ne manquèrent pas de répandre partout
les menaces que le roi avait faites contre la ville,
s'il n'était obéi, ce qui fit impression sur les
esprits. Le duc de Guise s'en aperçut, et fut
bien aise de trouver l'occasion favorable de se
tirer d'intrigue, par le traité qu'il conclut avec
la reine-mère, après bien des contestations de
part et d'autre. Ce traité fut envoyé au roi, qui
l'approuva. Il contenait dix articles, dont le
principal était que le roi jurerait d'employer
jusqu'à sa propre vie pour exterminer l'hérésie
de son royaume ; le dernier était une amnistie
générale pour tout ce qui s'était passé, nommé-
ment à la journée des barricades et depuis,

comme fait par un pur zèle de la religion catholique.

Le roi ne voulut pas entendre parler de retourner à Paris, quoique pût faire la reine-mère,
jusqu'à verser des larmes pour l'y engager. Il
prétexta les préparatifs qu'il devait faire pour
la tenue des États de Blois. Pour mieux couvrir
ses ressentimens contre les ligueurs, il déclara
le duc de Guise lieutenant-général de toutes ses
armées, et le cardinal de Bourbon le plus proche héritier de la couronne de France.

La première séance des États-Généraux à Blois
eut lieu le 16 octobre. Les séances des États con-
tinuèrent pendant plus de deux mois sans aucun
trouble apparent, mais non sans beaucoup de
défiances réciproques, de la part du roi et du
duc de Guise. Enfin la colère du roi éclata par
la mort du duc de Guise, qu'il fit tuer le 23 décembre au matin.

La nouvelle d'un événement si tragique et si
inopiné fut aussitôt apportée à Paris par deux
couriers, qui arrivèrent le 24, veille de Noël,
après midi. Sur ces entrefaites arriva la nouvelle de la mort du cardinal de Guise, tué le
jour précédent à Blois, par le commandement
exprès du roi. Alors la faction des ligueurs ne
garda plus de mesures; les seize, de concert
avec le gouvernement, armèrent les bourgeois,
et mirent garnison dans les maisons de ceux

qu'ils appelaient *royaux* ou *politiques*, dont ils exigèrent en même temps de grosses sommes d'argent. La compassion du peuple se tourna en fureur, que les prédicateurs, dans les chaires, prirent soin d'allumer de plus en plus par leurs sermons violens et séditieux.

Les seize firent proposer par le conseil de la ville, à la faculté de théologie, si les Français pouvaient prendre les armes, lever de l'argent et s'unir ensemble pour la religion catholique, apostolique et romaine, contre un roi qui avait violé la foi publique dans l'assemblée des États; et si après cela ses sujets n'étaient pas dispensés du serment de fidélité. La faculté, s'étant assemblée en Sorbonne le 7 janvier 1589, au nombre de soixante docteurs, conclut pour l'affirmative.

Le roi avait envoyé de Blois à Paris sa déclaration du dernier décembre, touchant la punition qu'il avait cru devoir faire du duc et du cardinal de Guise, comme chefs d'une nouvelle conspiration contre sa personne. Le héraut qui la porta de sa part aux échevins, n'en reçut que de mauvais traitemens.

Le 26 janvier arriva un héraut d'armes apportant l'ordre du roi au duc d'Aumale de sortir incessamment de Paris, dont il avait été nommé gouverneur par la ligue, et défense à la cour du parlement, à la chambre des comptes, à la cour des aides et aux autres compagnies, d'exercer aucune juridiction. Non seulement le porteur ne fut pas écouté, ni son paquet ouvert ; mais il courut grand risque de perdre la vie ; et enfin, après avoir été mis en prison, il fut renvoyé sans réponse, avec confusion et ignominie. On forma ensuite, pour assister le duc d'Aumale, un conseil composé de quarante personnes tirées des trois ordres du royaume.

Les belles promesses du conseil de la ligue, jointes aux invectives continuelles des prédicateurs, ne servaient qu'à augmenter la fureur du peuple de Paris. Les excès énormes, entretenus par la faction des seize, furent un peu modérés par le duc de Mayenne, qui ne fut pas plutôt arrivé à Paris, qu'il commença par diminuer leur autorité, pour accroître la sienne. Il grossit pour cela le conseil des quarante de plusieurs autres personnes entièrement à sa dévotion. Le nouveau conseil, qu'on appela le *conseil général de l'union*, commença par déclarer son auteur, le duc de Mayenne, *lieutenant général de l'état royal et couronne de France*, titre qui lui fut confirmé par la cour de parlement, à laquelle il prêta serment en cette qualité, le lundi 13 mars.

Pendant que le roi était encore à Blois, par un édit donné au mois de février, et enregistré au grand conseil tenu à Vendôme, le 14 du même mois, il déclara rebelles et déchues de tous leurs

priviléges, les villes de Paris, Orléans, Amiens
et Abbeville. Par un autre édit du même mois,
le roi transféra le parlement et la chambre des
comptes de Paris à Tours, où s'étant rendu lui-
même, il tint son lit de justice et fit enregistrer
l'édit le 23 mars, au parlement transféré.

Le duc de Mayenne, enflé de ses succès, forma
le dessein d'aller attaquer le roi jusque dans Tours,
où il s'était retiré. Avant que de partir de Paris,
il donna ordre que toutes les places à dix lieues
à la ronde, fissent le serment de la sainte union.
Le conseil de l'union résolut en même temps que,
pendant que le duc de Mayenne irait du côté de
Tours, le duc d'Aumale se tiendrait aux environs
de Paris, pour traverser les desseins des ennemis,
s'il arrivait quelque mouvement en Brie ou dans
l'île de France ; mais ils ne réussirent pas mieux
l'un que l'autre. Le duc de Mayenne, après avoir
forcé quelques faubourgs de Tours, fut obligé de
lever le siége de la ville, parce qu'il ne put tenir
contre l'armée du roi, renforcée par celle du roi
de Navarre, qui s'était réconcilié avec Henri III
pour faire tête aux ligueurs. La ville de Senlis,
d'un autre côté, fut surprise par les royaux, et
le duc d'Aumale voulait la reprendre avec six mille
hommes et quelques pièces d'artillerie, qu'il y
avait fait conduire de Paris ; mais la place fut
secourue à propos, et le duc d'Aumale repoussé avec perte de plus de deux mille hommes

et de toutes ses munitions ; lui-même y fut blessé et contraint de se sauver à Saint-Denis.

Les victorieux, enhardis, vinrent ravitailler le château de Vincennes, et saluèrent la ville de Paris de plusieurs volées de canon. Cette alarme ainsi donnée à la ville, porta le conseil à redoubler sa vigilance, pour la mettre à l'abri de toute insulte, surtout les faubourgs Saint - Honoré, Saint-Martin et Saint-Denis, qui paraissaient les plus menacés.

Cependant le peuple était dans l'effroi, et avait laissé échapper des discours et des menaces dont les chefs avaient lieu de craindre les suites. Pour y remédier, le conseil dressa un mémoire contenant une instruction pour les prédicateurs, afin que sur le plan qu'on leur y traçait, ils travaillassent à raffermir l'esprit chancelant de la multitude, qui commençait à témoigner du mécontentement. On travailla aux fortifications de la ville, pendant que les prédicateurs tâchaient, par leurs exhortations, de retenir le peuple dans le devoir.

Le roi, de son côté, voulant profiter de la consternation des Parisiens, pensa sérieusement à venir faire le siége de Paris ; c'était à quoi l'exhortait puissamment le roi de Navarre, persuadé qu'il viendrait aisément à bout du reste, sitôt qu'il serait rentré triomphant dans sa capitale, qui était le centre de la ligue. Le roi eut la joie de voir qu'à mesure qu'il approchait de Paris, son armée grossissait de plus en plus, par la noblesse qui venait de tous côtés se joindre à lui. Il prit plusieurs places sur son passage, et vint camper à Saint-Cloud, et le roi de Navarre à Meudon, sur la fin de juillet. Toute l'armée royale était de plus de trente mille hommes effectifs et bien armés.

Le duc de Mayenne, aux premiers mouvemens des deux rois, distribua ce qu'il avait de meilleures troupes à la garde des faubourgs ; il confia à la Châtre ceux de Saint-Jacques et de Saint-Germain-des-Prés ; se réserva à lui-même les faubourgs de Saint-Denis et de Saint-Honoré, et donna la garde des autres aux meilleurs officiers de ses troupes.

Les habitans de Paris furent alors fort étonnés de se voir investis par une armée qui avait deux rois à sa tête. Sur la nouvelle qui se répandit le dimanche 31 de juillet, que le roi se proposait d'entrer dans la ville le mardi ou le mercredi suivant, ils firent emprisonner trois cents des plus notables bourgeois, qu'ils appelaient politiques ou huguenots, de crainte qu'ils n'eussent de secrètes intelligences avec l'armée des assiégeans. Mais au lieu de cette entrée, ils apprirent la mort du roi qu'ils commençaient à craindre. Un parricide abominable le frappa d'un coup de couteau dont il expira le 2 d'août, dix-huit heures après sa blessure. L'assassin (frère Jacques-Clément, de l'ordre de Saint - Dominique) fut tué sur-le-champ, avec une précipitation qui a laissé à deviner les complices de son crime.

Dès qu'on fut revenu de la surprise qu'avait causée la mort du roi, chacun pensa à se soutenir contre le parti opposé. Il n'était pas permis d'en prendre à Paris un autre que celui de la ligue, sans risques de perdre ses biens et sa vie. Le duc de Mayenne, n'osant pas se faire déclarer roi, se contenta d'en retenir toute l'autorité, comme lieutenant général de l'état et couronne de France.

SIÈGE DE PARIS,

PAR HENRI IV.

Le roi de Navarre avait été proclamé roi de France, dans l'armée royale, au moment de la mort d'Henri III. Il tint encore quelques jours devant Paris; mais manquant tout à la fois d'argent et de vivres, il fut contraint de lever le siège le 8 août. Il prit le prétexte d'honorer le convoi du roi son prédécesseur, qu'il accompagna avec son armée jusqu'à Compiègne, où il laissa le corps en dépôt dans l'abbaye de Saint-Corneille.

Le duc de Mayenne ne manqua pas de faire sa-
voir aussitôt par toutes les provinces la délivrance
de Paris, pour affermir les villes de son parti. Ayant
su quelques jours après que le roi de Navarre
avait pris la route de Normandie, il l'y suivit
avec un renfort de troupes que lui avaient envoyé le duc de Lorraine, le prince de Parme,
pour le roi d'Espagne, et d'autres princes fauteurs
de la ligue. Comme il avait plus de vingt-cinq
mille hommes contre le roi de Navarre, qui n'en
avait pas sept, les ligueurs ne doutaient pas que
le duc de Mayenne ne le forçât, ou de passer en
Angleterre, ou à se rendre à discrétion. C'était
si bien l'attente de tout Paris, que plusieurs
avaient déjà retenu des fenêtres dans la rue
Saint-Antoine, pour y voir passer le duc de
Mayenne, conduisant en triomphe le *Béarnais*
captif; c'était ainsi que les ligueurs nommaient
Henri IV. Mais ce prince, accoutumé à vaincre,
sut se tirer avec avantage du pas le plus dan-
gereux où il se trouva de sa vie. Avec trois fois
moins de force que le duc de Mayenne, il gagna
la bataille d'Arques, près de Dieppe, le 21 septembre, et usa si bien de la victoire, qu'il se
mit bientôt en état de se remontrer devant
Paris, au grand étonnement de tout le peuple de
cette ville, qui le croyait mort ou prisonnier,
tant on avait soin de l'entretenir de fausses nouvelles. Le roi arriva le 31 octobre au village de

Bagneux, à une lieue de Paris. Il distribua aussi-tôt son armée dans ceux de Montrouge, de Gen-tilly, d'Issy et de Vaugirard. Il voulut dès le même jour reconnaître le retranchement des faubourgs du côté de l'Université ; après quoi il tint conseil, et résolut sur l'heure de les faire at-taquer le lendemain à la pointe du jour par trois endroits différens. Il donna l'attaque des faubourgs Saint-Marceau et Saint-Victor au maréchal de Biron, assisté de Biron son fils, de Guitry et d'autres seigneurs, à la tête de quatre mille An-glais, de deux régimens français, et d'un troisième de Suisses. Le maréchal d'Aumont, se-condé par Bellegarde, grand-écuyer, et par des Rieux, maréchal de camp, fut chargé d'attaquer les faubourgs Saint-Jacques et Saint-Michel, avec quatre régimens de soldats Français, deux de Suis-ses, conduits par d'Anville leur colonel-général, et quatre compagnies de volontaires. Un troisième corps, composé de dix régimens français, du régi-ment Schomberg, et d'un autre de Suisses, com-mandé par la Noue et Châtillon, eurent ordre de donner du côté des portes de Saint-Germain, de Bussi et de Nesle. Ces trois corps étaient soutenus d'un bon nombre de gentilshommes à pied, et de trois autres corps de cavalerie, dont l'un était commandé par le roi même en personne ; l'autre par le comte de Soissons ; et le troisième par le duc de Longueville, avec quatre pièces de canon à

la suite de chacun. Suivant cet ordre, le jour de
la Toussaint, après la prière faite dans le Pré-
aux-Clercs, sur les dix heures du matin, toutes
les troupes s'étant approchées des retranchemens
à la faveur d'un gros brouillard, donnèrent avec
tant de vigueur, qu'en moins d'une heure ils
furent emportés aux trois attaques. Sept à huit
cents hommes de ceux qui les défendaient y furent tués, avec perte de quatorze enseignes et de
treize petits canons. Les assiégeans y perdirent fort
peu de monde, et si leurs canons étaient arrivés
assez à temps, ils auraient aisément forcé les
portes, car il s'en fallut peu qu'ils n'entrassent
pêle-mêle avec la garnison, tant ils la poursui-
vaient vivement. Les troupes de Châtillon montrèrent plus de furie que les autres; elles passaient tout au fil de l'épée en criant *Saint-Bar-*
thelemi! pour venger sur les Parisiens les mas-
sacres de cette cruelle journée de 1572. Le roi
étant entré au faubourg Saint-Jacques sur les
sept heures, se logea au Petit-Bourbon, maison
appartenante à Jérôme Chapelain, donnée à son
aïeul, de la confiscation du duc de Bourbon; et
comme il avait besoin de quelque repos, il fit
faire dans la salle un lit de paille fraîche sur laquelle il reposa environ trois heures. On avait
fait faire à l'abbaye de Saint-Germain des fossés
et des retranchemens nouveaux, et le conseil de
l'union avait envoyé environ cent cinquante ar-

quebusiers pour la garder ; mais tout cela n'était pas capable de tenir contre une armée. Aussi sur les neuf heures arriva un trompette qui vint sommer les religieux de la part du roi de se rendre. Ils étaient actuellement à l'office ; cette sommation fit abréger les cérémonies ; la plupart demeurèrent fort inquiets sur leur sort. Quelques-uns allèrent sur les murailles, exhorter les soldats à se bien défendre ; mais la plupart se retirèrent dans l'église ou dans leurs cellules, pour se disposer par la prière à tout événement. Sur le minuit, pendant que les religieux étaient à matines, revint le trompette pour les sommer une seconde fois de se rendre. Il donna pour tout délai jusqu'au matin, avec menace s'ils refusaient d'ouvrir les portes, de mettre tout à feu et à sang, et de faire raser le monastère de fond en comble. Le capitaine qui commandait ne se sentant pas assez fort pour soutenir un assaut, se rendit à composition. Les principaux articles furent : que lui et ses soldats sortiraient avec l'épée et le poignard, et se retireraient dans la ville, et qu'il ne serait fait aucun tort à l'église, au monastère ni aux religieux. La capitulation fut exécutée. Les soldats sortirent sur les neuf heures pour faire place à une douzaine d'autres envoyés par le roi, qui y entra lui-même en personne environ une heure après. Il monta au haut du gros clocher pour y voir la ville de Paris ;

fit ensuite un tour de cloître sans entrer dans
l'église, et se retira sans rien dire. Quant aux
soldats qu'il laissa, ils n'y firent pour lors aucun
mal, sinon qu'ils mangèrent ou plutôt dévorè-
rent la meilleure partie de ce qu'il y avait de
vivres, tant ils étaient affamés. La nuit ils dé-
logèrent pour aller joindre l'armée royale.

Sur la première nouvelle de l'attaque des faubourgs de Paris, le duc de Mayenne y avait envoyé le duc de Nemours, qui arriva avec la cavalerie le soir de la Toussaint. Lui-même s'y
rendit en grande hâte le lendemain avec ses troupes, et rassura par sa présence les partisans de la
ligue. Le roi, qui cherchait à combattre son ennemi en rase campagne plutôt qu'à forcer la
ville, sortit des faubourgs le vendredi de grand
matin, et demeura en bataille à la vue de la
ville, depuis huit jusqu'à onze heures. Mais
voyant que le duc de Mayenne ne répondait point
à ses offres, il prit le chemin de Beausse pour
regagner la Loire, et remit à une autre saison
le siége de Paris.

La couronne de France, regardée alors comme
vacante, faisait l'objet de l'ambition de la plupart des souverains de l'Europe. Le duc de
Mayenne, dont la réputation était beaucoup
déchue depuis la journée d'Arques, s'aperçut
bien que toutes les intrigues des cours étran-
gères ne tendaient qu'à le dépouiller de son au-

torité. Pour en prévenir les suites, il fit proclamer roi de France le cardinal de Bourbon Charles, le 21 novembre, au parlement ; et depuis ce jour, tous les actes publics, aussi bien que la monnaie, portèrent son nom. Le duc de Mayenne prit en même temps la précaution de se faire confirmer dans la charge de lieutenant général du royaume, tant que le cardinal roi resterait en prison, où il était détenu à Fontenay-le-Comte en Poitou, par le roi, sous la garde du capitaine Debrouet, sieur des Boulages. Le duc de Mayenne, pour mieux cimenter son autorité, cassa le conseil de l'union, sous prétexte que, puisqu'il y avait un roi proclamé, dont il était lieutenant, il n'était plus besoin d'autre conseil que du sien, qui devait le suivre partout. Le duc de Mayenne, devenu le seul maître de tout, sous l'autorité d'un roi chimérique, ne voulut pas demeurer sans rien faire, avec une armée qu'il entretenait aux dépens des Parisiens. Après avoir reçu à composition le château de Vincennes, bloqué depuis plus d'un an, il alla reprendre Pontoise, et en eut fait autant du fort de Meulan, si le roi ne fût accouru aussitôt de Basse-Normandie pour y jeter du secours.

Mais la prospérité des armes de Henri IV préparait insensiblement à ses fidèles sujets les voies pour se relever d'un serment également injuste et forcé. Dès le 14 mars 1590, il remporta une

victoire si complète dans la plaine d'Ivry, sur
la ligue, qu'elle ne se releva jamais de la perte
qu'elle fit en cette fameuse journée. Le duc de
Mayenne, après la bataille, se sauva en grande
hâte à Saint-Denis, sans entrer dans Paris. Il
fut incontinent visité par le légat, par l'ambassadeur d'Espagne, et par les principaux seigneurs
de son parti. Ils conclurent ensemble d'entretenir le roi de Navarre par quelques propositions
d'accommodement, pendant qu'ils solliciteraient
du secours du côté de Flandre, de Rome et
d'Espagne. Le légat eut pour cet effet une conférence à Noisy-le-Sec avec le maréchal de Biron,
le 27 du même mois, dans la maison du cardinal
de Gondy, qui fut aussi présent au pourparler.
Mais l'adresse du légat fut bientôt découverte,
et le maréchal vit qu'on ne cherchait qu'à amuser le roi pour donner le temps aux Parisiens de
se fortifier. Ainsi plus de délai, le roi se disposa
à faire le siége de Paris. Comme il tenait déjà les
ponts du bas de la rivière, il n'était plus ques-
tion que d'avoir ceux d'au-dessus, dont il se rendit bientôt le maître par la prise de Corbeil, de
Lagny et de Montereau. Par ce moyen il tint la
ville entièrement bloquée, et lui coupa toute
communication avec les provinces dont elle tire
la plus grande partie de ses vivres.

Le duc de Nemours, qui commandait dans
Paris en qualité de gouverneur, se préparait à

faire une vigoureuse résistance. Il pourvut la ville le plus qu'il put de vivres et de munitions. Il fortifia les endroits les plus faibles, répara les brèches des murailles, éleva des terrasses, couvrit la tête des faubourgs de retranchemens, et fit abattre les maisons les plus proches des fossés de la ville en dehors. Il logea les Suisses dans le Temple, confia aux lansquenets la garde des murailles, depuis la porte Neuve jusqu'à l'Arsenal, et aux troupes de la ville, la garde des portes et des murailles. Comme il s'aperçut qu'il y avait peu d'artillerie, il en fit fondre en diligence plusieurs pièces, qui, avec celles qu'il avait déjà, faisaient environ soixante-cinq, tant grosses que petites, dont il garnit les boulevards des portes et les remparts. Enfin, pour dernière précaution, il ferma la rivière, au-dessus et au-dessous des ponts, de grosses chaînes soutenues de bons corps de garde de chaque côté de la rivière. L'une barrait la Seine depuis la Tournelle jusqu'aux Célestins, et l'autre depuis la tour de Nesle jusqu'au Louvre; enfin il n'oublia rien de ce qui était nécessaire pour empêcher qu'on ne se rendît maître de la ville par force ou par surprise. On prétend qu'il y avait huit mille soldats étrangers dans la place, et plus de cinquante mille bourgeois aguerris, capables de faire bonne résistance. L'armée royale n'était au plus que de quatorze mille hommes d'infanterie et deux mille cinq cents chevaux;

ce qui était bien peu pour faire le siége d'une si grande ville ; mais le roi comptait la prendre plutôt par famine que par la force. Aussi ce fût ce qui le détermina à commencer, le 25 d'avril, par l'attaque des ponts de Charenton et de Saint-Maur, qu'il emporta avec les forts qui les défendaient. Tous ceux qui s'y trouvèrent s'étant rendus à discrétion, furent pendus. Il fit aussitôt jeter un pont de petits bateaux vis-à-vis de Conflant, pour passer la Seine, et envoyer ses partis courir la campagne vers les villages d'Issy et de Vaugirard. Il tint par-là Paris tellement investi, qu'il ne pouvait plus y entrer aucuns vivres, ni par terre ni par eau.

Le 8 de mai, il fit placer sur le haut de Montmartre deux pièces de canon, et quatre sur la butte de Montfaucon, dont on tira quelques coups, plutôt pour faire peur aux Parisiens, qu'à autre dessein. Il y eut seulement quelques escarmouches aux faubourgs de Saint-Martin et de Saint-Denis. François de la Noüe tenta enfin jusqu'à trois fois de les forcer ; ayant été blessé d'une arquebusade à la cuisse, il fût emporté dans son quartier à Ville-Pinte, par ceux qu'il commandait, qui se contentèrent de brûler quelques moulins en se retirant.

Tout le reste du mois de mai, jusqu'au commencement de juin, les assiégés, tant infanterie que cavalerie, firent tous les jours des sorties, et ils ne revenaient guère sans ramener quelques prisonniers. Le duc de Nemours se trouvait souvent à ces escarmouches, pour animer les bourgeois à la défense de la ville. Mais comme les royalistes qui étaient au-dedans n'étaient pas moins à craindre que ceux du dehors, il fit rendre un arrêt du parlement, par lequel il était défendu, sous peine de la vie, de parler d'aucune composition avec le roi de Navarre. Cet arrêt, toutefois, n'eut pas une entière exécution ; car le sieur de Vigny, receveur de la ville, beau-frère du président Brisson, ayant été pour lors arrêté prisonnier pour quelque secrète intelligence avec le roi, fut simplement chassé de la ville par le duc de Nemours, après avoir payé douze mille écus. Le duc de Nemours fut conseillé d'user de cette modération, de crainte qu'en livrant le coupable à la mort, il n'excitât par son supplice quelque mouvement de la part des royalistes, gens de considération, et en grand nombre dans Paris.

La ville, mal pourvue de vivres pour plus de cent vingt mille habitans qui étaient restés pendant le siége, commença à se ressentir de la disette. Environ quinze jours après que les portes en eurent été fermées, les artisans, qui pour la plupart n'ont pas les moyens de faire des provisions pour plus d'une semaine, ne trouvant plus de pain au marché, commencèrent à crier famine.

Le duc de Nemours, fort surpris, fit une assemblée à l'hôtel-de-ville avec le chevalier d'Aumale,
la duchesse de Montpensier et le prévôt des marchands, pour chercher les moyens de soulager le
peuple. Ils conclurent de faire crier à son de
trompe, par les carrefours de la ville, que tous
ceux qui avaient provision de blé pour plus de
deux mois, eussent à faire porter le surplus au
marché pour y être vendu, sous peine de confiscation. Cet ordre fut exécuté incontinent, et le blé
ne manqua pas au marché, ni le pain chez les
boulangers l'espace de trois semaines. Le pain se
vendait pour lors cinq sous la livre, ce qui était
estimé une grande cherté. Le menu peuple ne lais-
sait pas de subsister par le secours des riches, et
surtout de l'ambassadeur d'Espagne, Bernardin
de Mendoze, qui, ravi de voir l'affection que les
Parisiens témoignaient au parti Espagnol, faisait
jeter à poignée par les carrefours des demi-sous
qu'il avait fait battre exprès aux armes d'Espagne.

La bourgeoisie, de son côté, consumée par
tant de taxes qu'on avait déjà imposées sur elle,
n'était plus en état de fournir à la paie des soldats, qui manquaient tout à la fois de pain et
d'argent ; sur cela le conseil assemblé le vendredi
premier juin, résolut, du consentement du légat
et du cardinal de Gondi, évêque de Paris, de
faire de l'argent aux dépens de l'argenterie des

églises, à l'exception des vases sacrés absolu-
ment nécessaires au service divin, avec promesse d'en rendre autant dans trois mois ; mais
l'on prit tout et l'on ne rendit rien. Du seul
trésor de Saint-Denis, qui se gardait pour lors
à Sainte - Croix - de - la - Bretonnerie, d'on tira
à deux fois dix-neuf marcs d'or et deux cent
quinze marcs d'argent, outre un gros rubis estimé
vingt mille écus. Les anciens joyaux de la couronne ne furent pas épargnés, on les fondit
comme le reste. L'ambassadeur d'Espagne ven-
dit sa vaisselle d'or et d'argent et ses meubles
les plus précieux, pour la subsistance des pauvres, ce qui servit d'exemple au légat et aux
princes, qui en firent de même.

Le siége continuait toujours, et la misère
devenait plus grande ; le pauvre peuple, sans
pain et sans blé, se trouva réduit à ne vivre
plus que d'herbe et de racines, ce qui fit mou-
rir sept à huit mille personnes en moins de douze
jours. Alors les magistrats préposés à la police
se déterminèrent à faire sortir de la ville une
certaine quantité de pauvres et de malades. Ils
allèrent, pour cet effet, parlementer de dessus
les murs avec les officiers du roi. Déjà ces pauvres languissans s'étaient traînés en de certains
lieux près des portes, pour y attendre l'arrêt
de leur délivrance ou de leur mort ; mais dès
qu'ils entendirent que le roi refusait de les laisser

sortir, ce furent des cris et des hurlemens si horribles, qu'ils se firent entendre jusqu'à l'extrémité des faubourgs.

Le duc de Nemours ordonna la visite des communautés ecclésiastiques et régulières, pour régler ensuite les aumônes, suivant la quantité de vivres qui s'y trouveraient. Après la visite faite, on porta au gouverneur l'inventaire des munitions de bouche à ceux qui avaient de l'argent; les communautés se chargèrent de fournir, pendant quinze jours, la livre de pain commun à six sous, tant qu'il durerait, et quand il serait fini, du biscuit à huit sous la livre. A l'égard des pauvres nécessiteux, ceux qui étaient chargés de les nourrir, se firent apporter, trois jours avant la distribution des aumônes, tous les chiens et les chats des maisons des pauvres. On en fit cuire les chairs dans de grandes chaudières, avec des herbes et des racines; puis l'on en distribuait le potage avec un petit morceau de cette chair de chien ou de chat, et une once de pain à chacun. Les quinze jours expirés, la disette devint plus grande qu'auparavant, d'autant que tout ce qu'il y avait d'herbes, de légumes et de racines, était consommé. La mortalité suivit, et l'on ne voyait dans les rues que des gens expirans ou morts de faim. A peine pouvait-on suffire à les enterrer. Plusieurs, par désespoir, se jetèrent par-dessus les murailles, dans les fossés, et allèrent crier merci au roi, qui se laissa enfin toucher par les cris de tant de misérables. Il permit d'en laisser passer dans son camp jusqu'à trois mille ; mais il s'en glissa plus de quatre mille, qui, se voyant hors d'un lieu où ils avaient tant souffert, commencèrent à crier : *Vive le roi !*

Dès le 16 d'août la famine était tellement augmentée, qu'on avait commencé à mettre en usage une espèce de pâte faite des os de morts, qu'on appelait *le pain de madame de Monpensier,* parce qu'elle en louait fort l'exécution ; mais on fut bientôt contraint d'abandonner une telle nourriture, qui donna la mort à ceux qui en usèrent. Le roi, sachant à quelle extrémité étaient réduits les Parisiens, accorda le 20 d'août un passeport particulier pour toutes les femmes, filles, enfans et écoliers qui voudraient sortir de Paris, et depuis un plus général pour les autres, sans excepter même ses ennemis les plus déclarés.

Le peuple commença à se désabuser lorsqu'il vit partir René Benoît, curé de Saint-Eustache ; Claude Moraine, curé de Saint-Merry, et Chavagnac, curé de Saint-Sulpice, pour se rendre auprès du roi à Saint-Denis, où il les avait mandés exprès, dans le dessein de s'éclaircir avec eux des doutes qui lui restaient sur la religion catholique romaine. Les nouvelles qui vinrent ensuite à Paris, qu'il devait faire son abjuration le dimanche 25 juillet, achevèrent de détromper la plupart des gens mal prévenus. Malgré la défense du duc de Mayenne, publiée le vendredi précédent, la populace courut en foule à Saint-Denis, pour être témoin d'une action si capable d'accélérer la fin de la guerre et le repos entier de la France. Le roi s'étant transporté le dimanche matin, en grand apparat, devant la porte de l'église abbatiale, y fit son abjuration entre les mains de l'archevêque de Bourges, qui lui donna l'absolution des censures et le baiser de paix. Le roi entendit la messe solennelle, et la cérémonie finit aux acclamations réitérées de *Vive le roi !*

Le premier fruit d'un tel changement fut la trève pour trois mois conclue à la Villette, le 31 juillet 1593, entre ceux de l'union et les royalistes. La trève, qui n'avait été accordée que pour trois mois, fut prolongée jusqu'à la fin de l'année. Pendant tout ce temps la faction des seize mit tout en œuvre, par ses prédicateurs et par ses autres émissaires, pour rompre toute proposition de paix, sans épargner les voies les plus exécrables pour se défaire du Béarnais. Le duc de Mayenne, pour maintenir sa propre autorité, balançait entre les deux partis, en se prêtant tantôt à l'un et tantôt à l'autre.

Aussitôt que la trève avec ceux de la ligue fut finie, les hostilités recommencèrent le 1er janvier 1594, comme auparavant. La garnison de Saint-Denis alla déloger les ligueurs qui tenaient Charenton ; de sorte que Paris se trouva plus serré que jamais, et n'avait aucune place de son parti à plus de quinze lieues à la ronde.

Le peuple, fatigué de la guerre, demandait hautement la paix.

Sur ces entrefaites on apprit à Paris que le roi avait été sacré à Chartres, le dimanche 27, par Nicolas de Thou, évêque de la même ville, avec tout l'appareil et les cérémonies accoutumées. Cette cérémonie du sacre, dont on envoya aussitôt des relations par toute la France, fit grande impression sur les esprits. A Paris, ceux de la faction des seize, plus en mouvement que jamais, tinrent diverses assemblées. Le duc de Mayenne, fort embarrassé entre ce parti et celui des politiques, prit la résolution de quitter Paris ; et le dimanche 6 de mars, après avoir recommandé la garde de la ville au nouveau gouverneur, M. Cossé, comte de Brissac, aux prévôt des marchands et capitaines des quartiers, il sortit dès les cinq heures du matin, avec la duchesse sa femme et son fils aîné, et se retira à Soissons. Cette retraite si précipitée, dans le temps que la présence du chef semblait le plus nécessaire, causa une grande alarme, surtout parmi les seize.

Mais le jour approchait, auquel Paris devait

secouer le joug de la ligue et se soumettre à son légitime souverain. Le comte de Brissac était convenu d'introduire le roi dans Paris, le 22 mars. Il
était entré dans la ville, les jours précédens, plusieurs gens de guerre déguisés, du parti royal, que
le prévôt des marchands et les échevins avaient
distribués en divers endroits, pour s'en servir
quand il serait temps. Les mêmes magistrats
avaient aussi envoyé, le lundi à neuf heures du
soir, des billets dans toutes les maisons des bons
bourgeois qu'ils connaissaient affectionnés au
parti du roi, pour les avertir, eux et leurs amis,
que le roi devait entrer dans Paris le lendemain entre trois et quatre heures du matin, et
qu'ils eussent à se tenir en armes avec l'écharpe
blanche, chacun dans les postes qui leur étaient
assignés. Un peu avant l'heure indiquée, le
comte de Brissac, avec le prévôt des marchands,
se saisit de la porte Neuve, qu'il avait fait débou-
cher la veille sous prétexte de la faire murer. Elle
répondait à celle de Saint-Honoré, qui était
proche la rue de Saint-Nicaise. Neret, échevin,
occupa de son côté la porte Saint-Honoré, et
l'Anglois, autre échevin, celle de Saint-Denis,
avec de bons corps de garde dont ils étaient
assurés, pendant que Jean Grossier, capitaine
du quartier de Saint-Paul, assisté de bons bourgeois et de bateliers qui lui étaient dévoués,
baissa la chaîne qui traversait la rivière de l'Ar-

senal, pour faciliter l'entrée aux soldats des garnisons de Melun et de Corbeil, descendus par eau près des Célestins. Quatre heures étaient sonnées que le roi ne paraissait point encore, ni personne pour lui. L'Anglois, impatient, sortit et rentra plusieurs fois. Enfin il aperçut le sieur de Vitry, qui venait à petit bruit, accompagné de plusieurs seigneurs et de gens d'armes, auxquels il livra d'abord la porte Saint-Denis. Il le mena de là, avec sa suite, occuper les remparts, où il y avait à droite et à gauche plusieurs canons en batterie qu'ils tournèrent contre la ville, pour s'en servir dans le besoin. Le roi arriva dans le même temps à la porte Neuve, dont le pont fut abaissé pour lui ouvrir le passage. Ses gens, sans attendre que la barrière fût ouverte, passèrent par dessous, à pied, et se coulèrent à gauche, le long des remparts, vers la porte Saint-Honoré, dont ils se saisirent. D'autres de ses troupes, conduites par le sieur d'O, gagnèrent le quai de l'Ecole de Saint-Germain-l'Auxerrois, où il se trouva un corps de garde de vingt-cinq à trente lansquenets, qui ayant fait résistance, furent aussitôt défaits, partie mis en pièces, et partie jetés à la rivière. Le sieur de Vitry ne trouva sur son chemin qu'une cinquantaine de mutins, dont deux seulement furent tués, et le reste fut dissipé. Les capitaines des quartiers, joints aux troupes du roi, occupaient déjà, ou faisaient occuper par les bourgeois royalistes, le Louvre, le Palais, les deux Châtelets, les principales places, les carrefours, et les avenues des ponts. Le roi, assuré de tous ces postes, entra à cheval par la porte Neuve, suivi d'une grande quantité de noblesse, et d'environ cinq à six cents hommes d'armes. Le comte de Brissac, gouverneur de la ville, alla au devant du roi, à qui il fit présent d'une riche écharpe en broderie. Le roi, en l'embrassant, l'honora du titre de maréchal de France, et lui donna l'écharpe qu'il portait. Lhuillier, prévôt des marchands, étant venu ensuite offrir au roi les clefs de la ville, fut reçu de ce prince avec l'accueil le plus gracieux; le roi tourna par la rue Saint-Honoré, alla de là au pont Notre-Dame, où voyant tout le peuple crier avec joie, *Vive le roi!* dit à ceux qui l'accompagnaient : *Je vois bien que ce pauvre peuple a été tyrannisé.* Il continua ainsi sa marche jusqu'à l'église cathédrale, si pressé par la foule, que les capitaines des gardes avaient peine à ouvrir le passage pour le faire avancer. Étant descendu devant l'église, au bruit des trompettes, des cloches et des acclamations redoublées du peuple, il fut reçu, non par l'archevêque, ni le doyen, ni le chantre, qui s'étaient retirés, mais par le sous-chantre Dreux et le reste du clergé. Le roi entendit ensuite la messe et le *Te Deum*, qui furent chantés en musique ; après quoi il remonta à cheval dans le même ordre qu'il était venu, et se rendit au Louvre. Ce ne fut le soir que réjouissances et feux de joie par toutes les rues de la ville, avec des cris redoublés de *vive le roi ! vive la paix et la liberté !* Ainsi se passa cette mémorable journée de la réduction de Paris.

ATTAQUE DE PARIS,

PAR LES TROUPES ALLIÉES.

DEPUIS le moment où la France, république, avait si glorieusement repoussé les ennemis de son territoire, jusqu'au jour où Napoléon se vit forcé par les rigueurs du climat d'abandonner les déserts de la Russie, nul n'aurait imaginé qu'un jour ces peuples, que nous avions battus tant de fois, viendraient au sein de notre patrie même, et y paraîtraient en vainqueurs ; nos femmes pouvaient dire comme les femmes Spartiates : Nous n'avons jamais vu la fumée d'un camp ennemi. Mais ces maux épouvantables qui fondirent tout à coup sur nous, et qui pouvaient nous anéantir, nous ont au moins laissé l'honneur : vingt peuples lâchement armés contre un seul n'ont certainement aucun sujet de s'enorgueillir de leur triomphe ; ils ont accablé par le nombre et n'ont point vaincu ; et encore dans quel temps se sont-ils tournés contre nous ? Après avoir pris les armes avec nous, ils ont choisi le moment de notre mauvaise fortune pour se montrer nos ennemis ; ils nous ont trahi sur le champ de bataille, et quand nous avions confiance en eux ; quelques-uns ont même tourné leurs armes contre nos poitrines dans le moment où nous pensions qu'ils combattaient à nos côtés ; ils ont fait plus, ils ont su découvrir des traîtres parmi nous, et ces traîtres ont rendu inutiles nos derniers efforts. Voilà comment les trois quarts de l'Europe se sont frayés une route jusqu'au sein de Paris. Nos ennemis peuvent se réjouir du mal qu'ils nous ont fait ; ils ne peuvent s'en glorifier.

C'est sans doute une chose digne d'une éternelle gloire, que la résistance qu'opposa à cette multitude d'ennemis furieux, notre armée dans l'état déplorable où elle se trouvait réduite ; et c'est un sujet également digne de louange, que le talent extraordinaire que déploya Napoléon dans cette campagne ; en aucune circonstance de sa vie il ne se montra aussi grand capitaine. Il succomba ; mais il avait contre lui le nombre de ses ennemis, les fatigues de ses troupes, le mécontentement public et la trahison.

Pour ne point sortir des bornes que je me suis prescrites, je ne prendrai les opérations militaires qu'au moment où la capitale fut menacée. Napoléon marchait sur Saint-Dizier. La principale force qui restât pour couvrir Paris se composait des deux divisions Marmont et Mortier, faisant partie de l'armée du maréchal Macdonald, et qui présentaient environ vingt-cinq mille hommes. Elles se firent tailler en pièces, le 25 mars 1814, au combat de Fère-Champenoise, où elles furent attaquées par les deux grandes armées de Blücher et de Schwarzemberg ; elles perdirent cent pièces de canon, six ou sept mille prisonniers, et environ cinq mille tués et blessés. Paris se trouvait alors totalement à découvert, ou du moins défendu seulement par des soldats découragés et en nombre insuffisant.

Après l'avantage de Fère - Champenoise, les alliés marchèrent en cinq colonnes sur Paris, harcelant par leurs partis les arrière - gardes du corps d'armée qu'ils avaient battu.

Ils passèrent la Marne le 28 et le 29, à Tréport et à Meaux, sans trouver aucune résistance. A Claye, cependant, le 28 au soir, le maréchal Mortier fit occuper la forêt, et repoussa vigoureusement les attaques du général York.

Le 29, ils arrivèrent devant Paris.

Cette ville pouvait opposer à l'ennemi de vingt-six à vingt-huit mille hommes, en y comprenant huit à dix mille gardes nationaux ; le reste des habitans n'était armé que de piques tout au plus bonnes à faire le service dans l'intérieur. Cette petite armée occupa, sur la droite, les hauteurs de Belleville, Menil-Montant, la butte Saint-Chaumont, et s'appuya à Vincennes. Son centre était au canal de l'Ourcq, avec le mammelon de Montmartre sur le derrière, position respectable si elle eût été convenablement fortifiée et suffisamment garnie d'artillerie. La gauche s'étendait de Montmartre à Neuilly. Les portes de Paris étaient garnies de palissades armées de canons ; on avait de plus crénelé le mur aux environs de ces portes, ce qui suffisait pour repousser les troupes légères de l'ennemi, qui auraient pu se glisser entre les masses et les points de défense.

Le duc de Trévise était chargé de la défense

de Paris, depuis le canal jusqu'à la Seine, et le duc de Raguse, depuis le canal jusqu'à la Marne. Les troupes de ce dernier étaient réduites à deux mille quatre cents hommes d'infanterie et huit cents chevaux. C'était le peu d'hommes qui avaient échappé à une multitude de glorieux combats. On mit sous ses ordres les troupes que commandait le général Compans : c'étaient des détachemens de divers dépôts de vétérans et de troupes de toute espèce ; ainsi toutes les forces du duc de Raguse consistaient en sept mille quatre cents hommes d'infanterie, de soixante-dix bataillons différens, et environ mille chevaux.

La nouvelle de l'approche des troupes alliées se répandit bientôt dans Paris.

Le 30 mars, le duc de Raguse se porta au jour sur les hauteurs de Belleville.

Vers les trois heures du matin, on battit le rappel dans la ville. La garde nationale, quoique mécontente d'avoir vu successivement partir l'Impératrice et la majeure partie des dignitaires, prit les armes. Une immense quantité de citoyens non encore armés, surtout une multitude d'ouvriers, qui, pour la plupart, avaient servi, se présenta aussi aux postes de réunion, et courut jusqu'aux barrières, demandant inutilement des armes. Un de ces rassemblemens attendit, notamment sur la place Vendôme, depuis cinq heures jusqu'à neuf : alors seulement on vint lui offrir des piques. Presque tous ceux qui en faisaient partie se retirèrent en criant à la trahison. Plusieurs se rendirent aux barrières, et de là sur le champ de bataille, dans l'espérance de parvenir, d'une manière quelconque, à s'y procurer des armes. Tous les habitans de la capitale semblaient disposés à se bien défendre; mais ceux que les préparatifs de cette défense regardaient particulièrement, parurent n'y avoir aucunement songé. Le champ de bataille offrait la perfidie et la friponnerie la plus insigne; d'un côté, les munitions manquaient; de l'autre, les boulets n'étaient pas de calibre; plus loin, de mauvaises cartouches, dont plusieurs contenaient de la cendre. Paris, sans chefs, sans approvisionnemens quelconques, sans espoir de secours de troupes, se trouvait dans la dure nécessité de résister seul à l'attaque des troupes coalisées qui s'étaient cantonnées presque sous ses murs.

Vers les cinq heures du matin, les troupes alliées de la grande armée et de celle de Silésie, firent une attaque décisive sur les forces que l'on avait réunies pour la défense de Paris. Le feu de l'artillerie commença entre cinq et six heures; bientôt le feu de la mousqueterie s'y joignit; il se soutint long-temps avec une grande vivacité. Les plus grandes forces de la capitale étaient sur la position de Belleville : aussi était-ce là que se dirigeait la principale attention de l'ennemi, ainsi que sur Montmartre, parce que la prise de ces points devait ouvrir les portes de Paris.

Tandis que le général Rayefski s'occupait à amuser les troupes françaises aux villages de Pantin et de Belleville, par une attaque de front, en le tournant par le flanc droit avec la majeure partie de son corps, l'armée de Silésie cherchait à entourer Montmartre, les réserves russe et prussienne faisaient un mouvement vers le village de Pantin, pour soutenir, d'après les circonstances, l'attaque sur l'un ou l'autre des points principaux. Le corps d'armée du prince royal de

Wurtemberg, avec sa réserve composée du corps autrichien du comte de Guioulay, se dirigeait sur Vincennes, et avait l'ordre d'observer le passage de Charenton. Le corps d'armée bavarois du maréchal comte de Wrède, avec le corps russe du baron de Saken, restait aux environs de Meaux, pour assurer le passage de la Marne.

Les compagnies de la garde nationale, qui avaient passé les barrières, fournirent une multitude de tirailleurs qui firent beaucoup de mal à l'ennemi, et il fut reconnu le lendemain du combat, que la garde nationale avait laissé, pour sa part, trois cents hommes tués sur le champ de bataille, sans parler d'un assez bon nombre de blessés.

Les positions de Pantin, Belleville, Romainville, et de l'extrémité droite de la butte de Saint-Chaumont, où l'action s'était engagée, furent successivement enlevées dans la matinée même, malgré la forte résistance des corps des maréchaux Marmont et Mortier, qui défendaient, avec opiniâtreté, les hauteurs qui assurent cette capitale, et qui étaient secondés par une artillerie très-favorablement disposée sur les hauteurs de Belleville. Pantin avait été pris à la baïonnette. Le général Rayefski, dont le corps d'armée était nombreux, faisait contourner à mesure les hauteurs où les troupes françaises se défendaient, et les mettait ainsi dans la nécessité de les abandonner.

Cependant les troupes françaises faisaient acheter chaque avantage par la plus vigoureuse défense ; et l'artillerie, principalement, servie par des Polonais et par des élèves de l'école polytechnique, dignes de donner l'exemple aux plus vieux soldats, jonchait de soldats alliés les approches des positions. Vers les deux heures, l'ennemi était maître des hauteurs, et s'y était emparé de quarante-trois pièces de canon.

Du côté de Vincennes, quelques Cosaques firent une pointe et s'avancèrent vers le faubourg Saint-Antoine : ils y prirent deux pièces, qu'un demi-escadron de gendarmerie les força d'abandonner. Une colonne marcha vers le soir sur Charenton. Quelques troupes, et les élèves de l'école vétérinaire défendirent le pont avec acharnement; mais il fut emporté, vu le grand nombre de ceux qui l'attaquaient. On voulut mettre le feu aux fougasses préparées pour le faire sauter, mais la communication des mèches avec le puits se trouva interrompue; l'ennemi passa, et se répandit sur la droite de la Seine, vis-à-vis le Port-à-l'Anglais. Ne pouvant traverser le fleuve, il envoya quelques coups de carabine à des gardes nationaux en patrouille sur l'autre rive.

Le général Blücher, chargé de l'attaque du centre, ne commença à manœuvrer qu'à onze heures. Il donna à la division Langeron la commission de prendre ou bloquer Saint-Denis, de faire déloger les troupes françaises d'Aubervilliers, et de se porter par Clichy sur Montmartre. Malgré les avantages de la grande armée ennemie du côté de Pantin, les troupes françaises tenaient encore à son centre la ferme de Rouvray, en avant du canal. Dix-huit pièces en batterie défendaient cette position. Son infanterie fut obligée de reculer dans cet endroit; mais son artillerie contint l'ennemi jusqu'à ce qu'il eût fait approcher la sienne, ce qui n'arriva qu'à trois heures.

A la Villette, l'artillerie française repoussa une attaque des réserves des grenadiers et des gardes de la grande armée ennemie, soutenus par six bataillons, et ayant à leur tête le prince Guillaume de Prusse; mais les corps des généraux Kleist et York étant venus les renforcer, les troupes françaises se concentrèrent à la Villette, d'où elles essayèrent une charge de cavalerie, soutenue par de l'artillerie et de l'infanterie. La cavalerie des alliés qui s'était formée au Rouvray vint les charger à son tour; elle pénétra dans la Villette; quatre bataillons de la réserve de Woronzoff s'y précipitèrent en même temps au pas de charge. Les troupes françaises furent repoussées dans Paris, et laissèrent l'artillerie qu'elles avaient là au pouvoir des alliés. L'ennemi n'avait plus d'obstacles jusqu'aux barrières, et il y marchait à travers le feu des crenelures, qui lui tuait beaucoup de monde, lorsque le maréchal Marmont, voyant que les points les plus importans se trouvaient déjà au pouvoir de l'ennemi, et que Joseph, frère de Napoléon, chargé de la défense de la capitale, l'avait quittée, demanda une trève de deux heures, avec la promesse de souscrire dans ce terme aux conditions de la reddition de Paris. Il y eut presque aussitôt une suspension d'armes. Il était temps; à ce moment même les corps des généraux Kleist et York emportaient le village de la Chapelle, qui est en avant du faubourg Saint-Denis; le corps du général comte Langeron escaladait les hauteurs de Montmartre au pas de charge; et une escarmouche avait lieu à la barrière de Neuilly même, attaquée par les troupes légères de ce dernier corps.

La suspension d'armes fut suivie d'une capitulation fort honorable, dont un des articles portait que les troupes de lignes évacueraient la ville de Paris, cette opération devant être terminée le 31 mars à 7 heures du matin. Elles commencèrent, dans la soirée même, à faire leur retraite ; une grande partie sortit par la barrière d'Enfer et les routes environnantes. Elles étaient tristes sans paraître découragées ; officiers et soldats, tous regrettant de n'avoir pu faire une plus longue résistance, et connaissant mal la situation de Paris, se plaignaient amèrement que tous les habitans n'eussent pas pris les armes pour les seconder. La bonne volonté n'avait pas manqué à ceux-ci, et, comme nous l'avons dit plus haut, ils avaient demandé des armes à grands cris, mais on n'avait point écouté leur voix. L'opinion commune, et Napoléon lui-même l'a confirmée, est que tout, par une horrible trahison, avait été disposé pour que la capitale tombât entre les mains de nos ennemis. Le maréchal Marmont n'a encore fait qu'un faible et inutile effort pour repousser de dessus lui le soupçon qui le désigne à la France entière comme celui qui nous a livré ; il a prouvé qu'avec les forces qui se trouvaient à Paris il lui était impossible de résister à une si grande multitude d'ennemis ; tout le monde savait cela avant qu'il le dît ; mais étaient-ce-là tous les moyens qu'il avait pu mettre en œuvre ? N'a-t-il rien négligé ? Tout bon Français, affligé de recon-

naître un traître dans un homme qu'il a si long-
temps estimé, désire qu'il se justifie ; mais d'ici
au jour de la justification, l'exécration générale
reposera sur lui : car le crime le plus odieux est
de trahir sa patrie.

Suivant la capitulation, les troupes ennemies
occupèrent toutes les barrières à sept heures
du matin, le 31 mars. A dix heures, l'empereur de Russie et le roi de Prusse firent leur
entrée solennelle. Le nombre considérable des
troupes qui les accompagnaient frappa d'étonnement tous les habitans de Paris, et leur fit
sentir que les efforts qu'ils eussent tentés de plus,
pour sauver leur ville, n'eussent fait que provo-
quer sa ruine. Nous devons avouer, à notre
honte, que l'accueil qui fut fait aux ennemis
était peu digne d'une nation qui avait tant de
souvenirs glorieux pour la consoler de son malheur ; mais ce qui l'excuse en partie, c'est qu'elle
souffrait depuis long-temps, qu'elle croyait avoir
de grands reproches à faire à son gouvernement,
et qu'elle venait d'éprouver les plus grandes
craintes ; en outre, l'empereur de Russie semblait ne se présenter que comme un ami, et ne
parlait que de nous rendre notre indépendance ;
enfin, qui furent ceux qui montrèrent le plus
de joie, et qui répétaient de tous côtés que le
jour de notre délivrance était arrivé ? ceux
même qui en ce moment sont assez mauvais
Français pour souhaiter encore dans leur patrie
la présence de nos plus cruels ennemis.

Il paraît que dans la journée du 30 mars les
alliés perdirent environ quinze mille hommes,
et que nous n'en perdîmes que trois mille, dif-

férence qui vint de l'avantage de nos positions, et, disent les Russes eux-mêmes dans leur Bulletin, de *la résistance opiniâtre des troupes françaises, qui étaient pénétrées du désir, sacré par toutes les nations, de défendre leur capitale.*

www.ingramcontent.com/pod-product-compliance
Ingram Content Group UK Ltd.
Pitfield, Milton Keynes, MK11 3LW, UK
UKHW010914160726
13695UKWH00007B/1185